GRAMMAIRE POPULAIRE

OU

PRINCIPES DE LA LANGUE MATERNELLE

A L'USAGE DES ÉCOLES PRIMAIRES,

Par C. DUPASQUIER,

Membre de l'Enseignement public et de plusieurs Sociétés savantes.

3ᵐᵉ ÉDITION,

Revue, considérablement augmentée,
Basée sur la Grammaire de Lhomond et rédigée conformément au Programme
du Conseil supérieur de l'Instruction publique.

Res, non verba.

PARIS,

TARDIEU, | CENT-BRIÈRE,
rue de Tournon, 13. | rue Sᵗᵉ-Chapelle, 3,

1859.

Tout exemplaire non contrefait est revêtu de la signature de l'auteur.

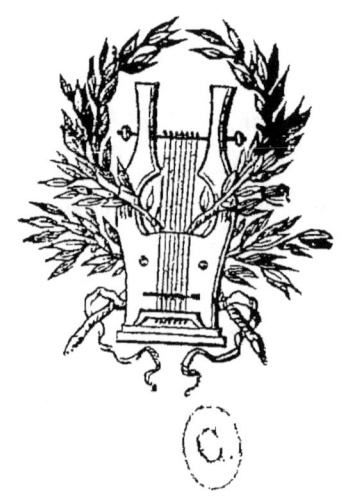

Arras. — Typ. Rousseau-Leroy.

Avant-Propos.

Encore une Grammaire qui vient grossir le nombre de celles qui pullulent de tous les côtés. Quelle témérité de la part de l'auteur d'avoir osé s'engager dans la voie où tant d'autres ont fait naufrage ! — Nous l'avouons. Mais, ami, veuillez ne pas précipiter votre jugement : d'abord vous conviendrez que nous n'avons pas de livre de cette nature bien convenable pour nos écoles de campagne: les uns sont prolixes, les autres insuffisants; ceux-ci trop exclusivement théoriques, ceux-là entremêlés de longues applications qui laissent les principes épars, perdus dans le volume, et leur donnent un décousu regrettable au lieu d'en former comme un faisceau lumineux ; puis ils offrent à l'élève des difficultés notables pour se rémémorer son livre. Vous savez aussi qu'il est préférable pour un enfant qui n'a que peu de temps à consacrer à l'étude de la langue maternelle d'en voir un abrégé tout entier que le tiers d'un plus complet ; enfin, que nous désirions tous une petite grammaire qui résumât succinctement en elle les principes et les applications des ouvrages que nous regrettions de ne pouvoir suivre. Or, c'est pour atteindre à ce but et rendre moins ardues aux jeunes élèves les premières connaissances de leur langue que cet abrégé a paru.

Alors ce livre n'est donc pas nouveau quant au fond ? — Non, il s'en faut de beaucoup, et ce n'est par là son moindre avantage.

Note importante. — L'expérience montre que les livres de grammaire n'enseignent rien aux enfants : dès lors ils ne doivent être qu'un simple *Memento* des leçons orales du maître ; c'est pourquoi plusieurs passages de cet ouvrage sont un peu brefs.

On a même imprimé en caractères plus petits, ou en renvois les matières d'une utilité secondaire que les élèves feront bien d'omettre à une première lecture.

NOTIONS PRÉLIMINAIRES.

1. La *grammaire française* est l'ensemble des règles qu'il faut suivre pour parler et pour écrire correctement en français.

2. *Parler*, c'est exprimer sa pensée par des sons ; *écrire*, c'est l'exprimer par des signes appelés *lettres.*

3. L'alphabet français contient 25 lettres qui sont de deux sortes : les *voyelles* et les *consonnes*. Les voyelles sont : *a, e, i, o, u, y*; elles sont ainsi nommées parce que seules elles forment un son. Les consonnes sont : *b, c, d, f, g, h, j. k, l, m, n, p, q, r, s, t, v, x, z,* ; elles sont ainsi nommées parce qu'elles ne sonnent qu'avec le concours des voyelles.

4. Il y a 3 sortes d'accents : l'accent *aigu* (´), l'accent *grave* (`) et l'accent circonflexe (^).

5. Une ou plusieurs lettres qu'on prononce d'une seule émission de voix est une *syllabe*. Le mot *jour* n'a qu'une syllabe, *qua-li-té* en a trois.

6. L'*e* est dit *muet* lorsqu'il n'a pas de son ou qu'il en a peu, comme dans les mots EnjouEmEnt, mondE.

L'*e* est dit *fermé* lorsqu'il est marqué d'un accent *aigu* ou prononcé comme s'il l'était. Exemples : piÉtÉ, nEz.

L'*e* est ouvert lorsqu'il est marqué de l'accent *grave*, ou de l'accent circonflexe, ou prononcé comme s'il l'était : Ex. — pÈre, mÊme, fEr.

7. On dit que la lettre *h* est *muette* quand sa prononciation est nulle, et qu'elle est *aspirée* quand on la prononce du gosier ; ainsi elle est muette dans l'Humanité et aspirée dans le Héros.

8. L'*y* vaut deux *i* dans le corps d'un mot après une voyelle, comme dans *moyen, croyance,* et un seul *i* dans les autres cas : Ex. — yeux, synonyme.

9. La langue française se compose d'environ cent mille mots classés en dix espèces : le *nom*, l'*article*, l'*adjectif*, le *pronom*, le *verbe*, le *participe*, l'*adverbe*, la *préposition*, la *conjonction*, et l'*interjection*.

Du Nom.

10. On appelle *nom* ou *substantif* tout mot qui nomme une personne ou une chose, comme les mots *Paul, Dijon, oiseau, arbre, château.*

11. Il y a deux sortes de noms : les noms *communs* et les noms *propres*.

12. Les noms *communs* sont ceux qui conviennent à tous les êtres ou à tous les objets qui se ressemblent. Ex. : *cheval, soldat, plume.*

13. Les noms *propres* sont ceux qui ne conviennent pas à tous les objets semblables, mais seulement à un ou à quelques uns. *Ex.* : *Paris,* la *France, Adam, Noé, Paul.*

Les noms propres doivent toujours commencer par une grande lettre.

14 Le *genre* indique le sexe des êtres.

Il y a donc deux genres : le *masculin* et le *féminin*. Les noms *roi, lion, coq,* sont du genre masculin, et *reine, lionne, poule,* du genre féminin.

15. Par imitation les noms d'objets inanimés ont aussi reçu l'un ou l'autre genre : ainsi *arbre, château,* sont du genre masculin, et *forêt, maison,* du genre féminin.

Nota : Tout nom devant lequel on peut mettre *le* ou *un* est masculin. Tout nom devant lequel on peut ajouter *la* ou *une* est féminin.

16. Le *nombre* indique si l'on parle d'UN ou de PLUSIEURS êtres. Il y a donc deux nombres : le *singulier*, comme UN *enfant*, UNE *plume*, et le *pluriel*, comme DES *enfants*, DES *plumes*.

Formation du pluriel dans les Noms.

17. Règle générale. — Les noms s'écrivent au pluriel en ajoutant un *s* à la fin : — un *roi*, des *rois* ; un *livre*, des *livres*.

18. Exceptions. — 1° Les noms terminés au singulier par *s*, *x*, *z*, ne changent pas au pluriel : un *puits*, des *puits* ; un *nez*, des *nez* ; la *noix*, les *noix*.

2° Les noms terminés au singulier par *au* et par *eu* prennent *x* au pluriel : — un *couteau*, des *couteaux* ; un *bateau*, des *bateaux* ; un *essieu*, des *essieux*.

3° Sept noms en *ou* prennent aussi un *x* ; ce sont : *bijou, chou, caillou, genou, hibou, joujou* et *pou*. — Les autres noms en *ou* prennent un *s* : — un *clou*, des *clous* ; un *sou*, des *sous*.

4° Ceux qui se terminent en *al* changent au pluriel *al* en *aux* : — un *cheval*, des *chevaux*, un *général*, des *généraux* (1). Excepté *bal, carnaval, régal, chacal* (et quelques autres peu usités), auxquels on ajoute un *s*.

5° *Bail, émail, corail, travail, vantail, soupirail, vitrail*, font *baux, émaux, coraux, travaux, vantaux, soupiraux, vitraux*. Les autres mots en *ail* prennent un *s* au pluriel : — un *détail*, des *détails* ; un *portail*, des *portails*.

6° *Bétail*, fait *bestiaux*. — *Ail*, fait *ails* et *aulx*. (2)

De l'Article.

19. L'*article* est un petit mot qui se met devant le nom pour en préciser le sens, et qui en fait connaître le genre et le nombre.

---

(1) Presque tous les noms terminés au singulier par *au* prennent une *e* devant : cout**e**au, mart**e**au. Ceux qui changent *al*, *ail* en *aux* n'en prennent jamais.

(2) *Aïeul, ciel, œil*, ont deux formes au pluriel :
Aïeul fait *aïeuls* désignant le grand père paternel et le grand père maternel, et *aïeux* désignant les ancêtres en général : mes AÏEULS me parlaient souvent de mes AÏEUX.

Ciel fait *cieux* désignant la voûte céleste, etc., et *ciels* dans *ciels de lit*, *ciels de carrière*, *ciels de tableaux*.

Œil fait *yeux* ; excepté lorsqu'il s'agit d'art, de botanique : ŒILS-de-bœuf (lucarnes). Des ŒILS-de-chat (pierres précieuses.)

20. Il n'y a en français qu'un article, qui est *le*; il fait *la* au féminin singulier et *les* au pluriel des deux genres.

21. L'article s'*élide* et se *contracte*.

22. On élide l'article lorsqu'on retranche *e* dans *le* et *a* dans *la* qu'on remplace par une apostrophe ('); ce qui a lieu toutes les fois que le mot suivant commence par une voyelle ou un *h* muet; ainsi on dit l'*ange* pour LE *ange*, l'*âme* pour LA *âme*, l'*homme* pour LE *homme*.

23. NOTA. L'article ne s'élide pas devant *un*, *ouate*, *oui*. On dit : LE *un*, LE *onze*, LA *ouate*.

24. L'article est dit *contracté* lorsque *le* ou *les* est réuni à une des prépositions *à*, *de* ; c'est ainsi qu'on dit AU pour *à le*, AUX pour *à les*, DU pour *de le*, DES pour *de les*, devant les noms commençant par une consonne ou un *h* aspiré.

De l'Adjectif.

25. L'*adjectif* est un mot qui *qualifie* ou *détermine* le nom. Quand je dis : *la* BONNE *maman*, *le* SAGE *enfant*, MON *livre*, les mots *bonne*, *sage*, *mon* sont des adjectifs (1).

26. Il y a deux classes d'adjectifs : les *qualificatifs* et les *déterminatifs*.

Adjectifs qualificatifs.

27. Les adjectifs qualificatifs marquent les *qualités* ou les *manières d'être* des noms, comme *beau*, *grand*, *noir*, etc.

Ainsi le *nom* représente une *personne* ou une *chose*, et l'adjectif indique de quelle manière est cette personne ou cette chose. Par exemple : un homme peut être *grand* ou *petit*, *méchant* ou *gentil*, *gras* ou *maigre*, *savant* ou *ignorant*, etc. ; homme est un nom, et les mots *grand*, *petit*, *gras* etc., sont des adjectifs qualificatifs.

28. **Formation du féminin dans les adjectifs.** *Règle générale.* — Les adjectifs non terminés par un *e* muet au masculin en prennent un au féminin. Un *homme savant*, une *femme savant*E; un *discours sensé*, une *parole sensé*E.

---

(1) Un moyen de connaître si un mot est adjectif, c'est de voir si l'on peut y joindre les mots *personne* ou *chose*.

29. *Exceptions.* — 1º Les adjectifs terminés au masculin par *el, eil, et, on, ien,* doublent, au féminin, la dernière consonne et prennent un *e* muet : *mortel, mortel*LE; *vermeil, vermeil*LE; *muet, muet*TE; *bon, bon*NE; *ancien, ancien*NE.

Cependant *complet, concret, inquiet, discret, replet, secret* font *compl*ÈTE, *concr*ÈTE, *inqui*ÈTE, *discr*ÈTE, *repl*ÈTE, *secr*ÈTE.

2º *Beau, nouveau, vieux, mou, fou,* font *belle, nouvelle, vieille, molle, folle,* attendu qu'on dit au masculin *bel, nouvel, vieil, mol, fol* devant une voyelle ou un *h* muet.

3º Les adjectifs en *x* changent *x* en *se* : *heureux, heureu*SE. — Ceux en *f* changent *f* en *ve* : *veuf, veu*VE. — Ceux en *er* font *ère* : *cher, ch*ÈRE.

4º *Blanc, franc, sec, public, caduc, turc, grec,* font au féminin : *blanche, franche, sèche, publique, caduque, turque, grecque.*

5º Ceux en *eur* forment leur féminin, les uns en *euse* comme *trompeur, tromp*EUSE; d'autres en *trice,* comme *protecteur, protectrice.*

6º. Les adjectifs en *ieur* et *majeur, mineur, meilleur* suivent la règle générale et prennent *e*.

7º. Les adjectifs de professions exercées généralement par des hommes ne changent pas au féminin, tels que *auteur, littérateur, docteur, professeur,* etc. Il est de même de *artisan, châtain, fat, dispos, témoin, rosat, vélin.*

Les adjectifs suivants forment irrégulièrement leur féminin.

Pécheur	pécheresse	Profès	professe	Nul	nulle
Vengeur	vengeresse	Long	longue	Gentil	gentille
Enchanteur	enchanteresse	Bénin	bénigne	Sot	sotte
Exprès	expresse	Malin	maligne	Vieillot	vieillotte
Gouverneur	gouvernante	Favori	favorite	Paysan	paysanne
Traître	traîtresse	Tiers	tierce	Gros	grosse
Doux	douce	Coi	coite	Bas	basse
Faux	fausse	Ambigu	ambiguë	Gras	grasse
Roux	rousse	Contigu	contiguë	Epais	épaisse
Préfix	préfixe	Exigu	exiguë	Muscat	muscade
Frais	fraîche	Serviteur	servante		

Chanteur fait chanteuse et cantatrice — Débiteur fait débiteuse et débitrice.

30. Le pluriel des adjectifs se forme comme celui des noms, en ajoutant *s* au singulier.

La plupart de ceux en *al* changent *al* en *aux* ; baptismal, baptismAUX ; national, nationAUX ; égal, égAUX ; les autres prennent un *s*, fatal, fatals, etc (1)

31. Accord de l'adjectif. — L'adjectif qualificatif s'accorde en genre et en nombre avec le nom qu'il qualifie. — Ex :

Un abricot MUR et VERMEIL.
Une pêche MURE et VERMEILLE.
Des abricots MURS et VERMEILS.
Des pêches MURES et VERMEILLES.

32. Quand l'adjectif se rapporte à deux noms singuliers, il se met au pluriel : — *le prolétaire et le potentat sont* ÉGAUX *devant Dieu* ; si les noms sont de différents genres, il se met au pluriel masculin : *mon père et ma mère sont* CONTENTS (2).

33. Le mot qui complète le sens commencé par un nom ou un adjectif en est le complément ; si je dis : *l'amour de* DIEU, *utile à l'*HOMME ; *de Dieu* est le complément de *l'amour*, et *l'homme* celui de *utile*.

Adjectifs déterminatifs.

34. Ces adjectifs déterminent la signification des noms au moyen d'une idée qu'ils y ajoutent. Il y en a de quatre sortes, savoir : les adjectifs *possessifs*, les adjectifs *démonstratifs*, les adjectifs *numéraux* et les adjectifs *indéfinis*.

35. Adjectifs possessifs. — Les adjectifs possessifs expriment une idée de possession ; ce sont :

MASC. SING. : *mon, ton, son* (3) *notre, votre, leur.*

---

(1) *Les adjectifs suivants sont à peu près les seuls qui forment leur pluriel masculin en* ALS : Amical, austral, bancal, boréal, colossal, doctoral, ducal, fatal, final, frugal, glacial, initial, jovial, labial, matinal, natal, naval, papal, pascal, pénal, sentimental, théâtral.
(2) Certains adjectifs sont quelquefois employés comme noms et réciproquement.
(3) *Mon, ton, son* s'emploient au lieu de *ma, ta, sa*, lorsque le nom féminin suivant commence par une voyelle ou un *h* muet. On dit *mon âme* pour *ma âme*. — On écrit *son* quand ce mot peut se tourner par *à lui, à elle*, et *sont*, dans le cas contraire.

Fém. sing. : *ma, ta, sa, notre, votre, leur.*
Pl. des 2 g. : *mes, tes, ses, nos, vos, leurs*

36. **Adjectifs démonstratifs.** — Ces adjectifs expriment une idée d'indication ; ce sont : *ce, cet, cette, ces* (3).

37. **Adjectifs numéraux.** — Ces adjectifs expriment une idée de nombre ou d'ordre. Ceux qui marquent le nombre comme *un, deux, cinq, cent.,* etc., sont dits *numéraux cardinaux*. Ceux qui marquent l'ordre, comme *premier, deuxième, cinquième,* sont appelés *numéraux ordinaux*.

38. **Adjectifs indéfinis** — Ces adjectifs expriment une idée vague, indéfinie ; ce sont : *chaque, maint, nul, aucun, même, tout, quelque, plusieurs, tel, quel, quelconque, autre.*

Du Pronom.

39. Le *pronom* est un mot qu'on met à la place du nom pour en rappeler l'idée et en éviter la répétition. — *Pratiquez la vertu,* elle *rend heureux.*

Elle qui est mis pour *vertu* est un pronom.

40. Il y en a cinq sortes : les pronoms *personnels*, les pronoms *possessifs*, les pronoms *démonstratifs*, les pronoms *relatifs* et les pronoms *indéfinis*.

41. **Pronoms personnels.** — Ces pronoms désignent plus spécialement les personnes.

Il y a trois personnes : 1° celle qui parle, comme *je lis* ; 2° celle à qui l'on parle, comme *tu lis* ; 3° celle de qui l'on parle, comme *il lit*. — Les pronoms personnels sont :

1re pers. *je, me, moi, nous.*
2e pers. *tu, te, toi, vous.*
3e pers. *il, ils, elle, elles, lui, le, la, les, leur, se, en soi, y.*

---

(3) On met *cet* devant un nom masculin singulier commençant par une voyelle ou un *h* muet : — *Cet avantage. Cet habit.* Il ne faut pas confondre *ces* dont le singulier est *ce* avec l'adjectif possessif *ses* qui peut se traduire par *de lui, d'elle* et dont le singulier est *son* ou *sa*. On écrit *se* quand ce mot peut se tourner par *lui à lui, à eux* et *ce* pour montrer. — On doit également distinguer *c'est* de *s'est* : le premier peut se traduire par *cela est.*

42. Remarque. — Les pronoms personnels *le, la, les* accompagnent toujours un verbe : *je LE vois, je LES entends* ; il ne faut pas les confondre avec *le, la, les* articles qui précèdent toujours un nom : LE *livre*, LES *tables*.

43. Pronoms possessifs. — Ces pronoms, en rappelant l'idée du nom, en marquent la possession. — Ce sont :

MASC. SING. : *le mien, le tien, le sien, le nôtre, le vôtre* (1), *le leur*.

FÉM. SING. : *la mienne, la tienne, la sienne, la nôtre, la vôtre, la leur*.

MASC. PLUR. : *les miens, les tiens, les siens, les nôtres, les vôtres, les leurs*.

FÉM. PLUR. : *les miennes, les tiennes, les siennes, les nôtres, les vôtres, les leurs*.

44. Pronoms démonstratifs. — Ces pronoms indiquent le nom dont ils rappellent l'idée ; ils sont : *Ce, ceci, cela, celui ; celle, celui-ci, celui-là, ceux, ceux-ci, celles-ci*, etc. (2).

45. Pronoms relatifs. — Ces pronoms rappellent l'idée du nom ou pronom qui est ordinairement placé devant eux et qu'on appelle *antécédent*. Ce sont *qui, que, quoi, dont, où, lequel, laquelle, lesquels, lesquelles, auquel, auxquels, auxquelles, duquel*, etc.

L'homme QUI *est en paix avec sa conscience est heureux.*

Le mot *homme* est l'antécédent du relatif *qui*.

46. Pronoms indéfinis. — Ces pronoms sont ceux qui rappellent l'idée du nom d'une manière indéterminée. Ce sont : *on, chacun, quelqu'un, quiconque, aucun, personne, autrui, l'un, l'autre*, (3).

---

(1) Les pronoms possessifs *le nôtre, le vôtre*, prennent au accent circonflexe sur l'ô tandis que les adjectifs possessifs *notre, votre* n'en prennent pas.

(1) *Ce*, pronom démonstratif précède un verbe ou un pronom relatif : CE *sont eux*, CE *qui plait* ; il ne faut pas le confondre avec *ce* adjectif démonstratif qui est toujours placé devant un nom : — CE *bœuf*, CE *champ*.

(2) Les adjectifs indéfinis *aucun, nul, certain, tel, tout, plusieurs* deviennent pronoms lorsqu'ils ne précèdent pas de noms.

41. *Règle.* — Le pronom prend le genre et le nombre du nom ou pronom qu'il remplace. Ex. — *L'homme* AUQUEL *je parle, la femme* A LAQUELLE *je parle. Les hommes* AUXQUELS *je parle, les personnes* AUXQUELLES *je parle.*

Votre maison est plus belle que LA MIENNE.

Du Verbe.

Le *verbe* est un mot qui exprime *ce que l'on est,* ou *ce que l'on fait.* — Ex. :

Mon père LABOURE.

Ma mère FILE.

Mes frères ÉTUDIENT.

Laboure, file, étudient sont des verbes parce qu'ils expriment l'action.

NOUS SOMMES *mortels.*

Sommes est aussi un verbe parce qu'ils exprime l'état (1).

49. *Du sujet,* — Puisque le verbe indique que l'on *est* ou que l'on *fait* quelque chose, il y a quelqu'un qui est ou qui fait cette chose, ce quelqu'un est le *sujet.*

Le *sujet du verbe* est donc la personne ou la chose dont le verbe exprime l'état ou l'action.

Le sujet d'un verbe répond à la question *qui est-ce qui* ou *qu'est-ce qui* placée devant les verbes. Dans les exemples précédents, *qui est-ce qui* LABOURE ? mon père. — *Qui est-ce qui* FILE ? ma mère. *Qui est-ce qui* ÉTUDIENT ? mes frères. Voilà les sujets.

50. *Du complément.* — Le *complément* ou *régime* du verbe est le mot qui en complète la signification. Si je dis : *Dieu a créé*, l'idée sera incomplète ; mais en disant : *Dieu a créé* LE

---

(1) On reconnaît qu'un mot est un verbe lorsqu'on peut le mettre après *ne pas* ou entre *ne* et *pas*. Ainsi *jouer, lis,* sont des verbes, parce qu'on peut dire : *ne pas* JOUER, *ne* LIS *pas.*

MONDE, l'idée sera complétée par le mot *monde*, qui est, par conséquent, le complément du verbe *créer*.

51. On distingue deux sortes de compléments : le complément *direct* et le complément *indirect*.

52. Le *complément direct* est celui qui reçoit directement l'action exprimée par le verbe ; il répond à la question *qui* ou *quoi ?* faite après le verbe. — *J'aime la vertu ;* j'aime *quoi ?* la vertu.

53. Le *complément indirect* est celui qui reçoit *indirectement* et au moyen de prépositions, comme *à de, pour*, etc., l'action exprimée par le verbe : il répond à l'une des questions, *à qui ?* ou *à quoi ?* etc., faite après le verbe. Ex . . : — *Ce chapeau appartient à* JULES ; appartient *à qui ?* à Jules. — A Jules est donc le complément indirect de *appartient*.

54. Remarques :— 1° Les pronoms *le, la. les* sont toujours compléments directs des verbes qu'ils accompagnent. Ex. —

Tout flatteur vit aux dépens de ceux qui L'*écoutent*, c'est-à-dire *qui écoutent* LUI.

2° Le pronom *que* est toujours complément direct du verbe qui le suit. Ex. —

Nous oublions trop facilement les services QUE *l'on nous rend,* (c'est-à-dire on *rend* LESQUELS SERVICES.

3° Les pronoms *lui. leur, dont, en, y* sont toujours compléments indirects. Ex. —
Je LUI *écris*, (pour j'*écris à* LUI.) Je LEUR *pardonne*, (pour je *pardonne* A EUX.)

55. *Des modifications du verbe.* — On entend par *modifi-cations* du verbe certains changements de terminaisons ou de formes. Il y en a quatre : le *nombre*, la *personne*, le *mode* et le *temps*.

56. Par le *nombre*, le verbe indique son rapport avec le singulier et le pluriel. JE *chante*, NOUS *chantons*, etc.

57. Par la *personne*, le verbe indique son rapport avec la 1re, la 2e ou la 3e personne. *Je parlai, tu parlas, il parla*.

58. Par le *mode*, le verbe indique de quelle manière est présenté l'état ou l'action. Il se présente sous cinq manières ou

modes, qui sont : *l'infinitif*, l'*indicatif*, le *conditionnel*, l'*impératif*, et le *subjonctif* (1).

59. Par le *temps*, le verbe indique à quelle partie de la durée se rapporte l'état ou l'action. La durée se divise en trois époques : le PRÉSENT, le PASSÉ et l'AVENIR ou *futur*.

60. Il n'y a qu'un seul temps pour le *présent*. Le *passé* et le *futur*, se composant d'instants plus ou moins rapprochés, ont plusieurs temps.

61. Les temps des verbes sont *simples* lorsqu'ils sont exprimés par un seul mot, comme *je* LISAI, *tu* RENDS; ils sont *composés* lorsqu'ils sont formés d'un des temps des verbes *être* ou *avoir* joint au participe passé, comme *j'ai lu, tu as reçu*.

62. *Classification des verbes*. — Le verbe *être* s'appelle *verbe substantif*, et les autres, *verbes adjectifs*.

63. Les verbes adjectifs se divisent en deux *classes* : les verbes TRANSITIFS et les verbes INTRANSITIFS.

64. Les verbes *transitifs* ou *actifs* sont ceux qui transmettent directement l'action à leurs compléments ; ils ont donc toujours un complément direct : *j'*ÉCRIS *une lettre*. — *Cet enfant fait l'*AUMÔNE.

65. Les verbes *intransitifs* ou *neutres* sont ceux qui ne transmettent pas ou qui ne transmettent qu'indirectement l'action à leurs compléments. *Ex*. — Il DORT. — *Cet homme* EST TOMBÉ *dans le fleuve*. — *Je* VAIS *à Rome*.

---

(1) L'*infinitif* présente l'état ou l'action du verbe d'une manière générale, comme *être, aimer*.

Le mode *indicatif* présente l'état ou l'action d'une manière positive, comme *je lis, je lirai*.

Le *conditionnel* l'exprime sous une condition : *vous* SERIEZ *heureux si vous étiez vertueux*.

L'*impératif* l'exprime sous l'idée du commandement, de la prière : — RENDS *le bien pour le mal*.

Le *subjonctif* l'exprime d'une manière dépendante : — *je voudrais que tu* ÉTUDIASSES.

On peut toujours mettre les mots *quelqu'un* ou *quelque chose* après un verbe transitif, tandis qu'on ne le peut pas après un verbe intransitif ; *punir*, *lire*, sont donc transitifs, puisqu'on peut dire PUNIR *quelqu'un*, LIRE *quelque chose* ; *naître*, *arriver*, sont intransitifs puisqu'on ne peut pas dire, NAITRE, ARRIVER *quelqu'un*.

66. Parmi ces verbes, il y en a que l'on appelle *réfléchis* ; ce sont ceux qui réfléchissent, pour ainsi dire comme une glace, qui renvoient l'action sur le sujet au moyen d'un pronom de la même personne que ce sujet. — *Je me promène, tu t'en vas.* D'autres qu'on appelle *unipersonnels* parce qu'ils ne s'emploient qu'à la 3ᵉ personne du singulier : — *Il pleut, il faut.*

67. Écrire ou *réciter* un verbe avec toutes ses modifications s'appelle *conjuguer*. Il y a quatre conjugaisons que l'on distingue entre elles par la terminaison du présent de l'infinitif. La 1ʳᵉ l'a en *er* comme chanTER ; la 2ᵉ en *ir* comme *fi*nIR ; la 3ᵉ en *oir* comme *rece*voIR ; la 4ᵉ en *re* comme *ren*dRE.

68. Il y a deux verbes *auxiliaires*, c'est-à-dire qui aident à conjuguer les autres ; ce sont les verbes AVOIR et ÊTRE.

Verbe auxiliaire AVOIR.

Participe présent. *Ayant*, Participe passé, *Eu.*

Mode infinitif.
PRÉSENT.
Avoir
PASSÉ.
Avoir eu

Mode indicatif.
J'ai
Tu as
Il ou elle a
Nous avons
Vous avez
Ils ou elles ont
IMPARFAIT.
J'avais
Tu avais
Il avait
Nous avions
Vous aviez
Ils avaient
PASSÉ DÉFINI.
J'eus
Tu eus
Il eut
Nous eûmes
Vous eûtes
Ils eurent
PASSÉ INDÉFINI.
J'ai eu
Tu as eu
Il a eu
Nous avons eu
Vous avez eu
Ils ont eu
PASSÉ ANTÉRIEUR.
J'eus eu
Tu eus eu
Il eut eu
Nous eûmes eu
Vous eûtes eu
Ils eurent eu

PLUS-QUE-PARFAIT.
J'avais eu
Tu avais eu
Il avait eu
Nous avions eu
Vous aviez eu
Ils avaient eu
FUTUR.
J'aurai
Tu auras
Il aura
Nous aurons
Vous aurez
Ils auront
FUTUR ANTÉRIEUR.
J'aurai eu
Tu auras eu
Il aura eu
Nous aurons eu
Vous aurez eu
Ils auront eu

Mode conditionnel.
PRÉSENT.
J'aurais
Tu aurais
Il aurait
Nous aurions
Vous auriez
Ils auraient
PASSÉ.
J'aurais eu
Tu aurais eu
Il aurait eu
Nous aurions eu
Vous auriez eu
Ils auraient eu
ON DIT AUSSI :
J'eusse eu
Tu eusses eu
Il eût eu

Nous eussions eu
Vous eussiez eu
Ils eussent eu

Mode impératif.
Aie
Ayons
Ayez

Mode subjonctif.
PRÉSENT.
Que j'aie
Que tu aies
Qu'il ait
Que nous ayons
Que vous ayez
Qu'ils aient
IMPARFAIT.
Que j'eusse
Que tu eusses
Qu'il eût
Que nous eussions
Que vous eussiez
Qu'ils eussent
PASSÉ.
Que j'aie eu
Que tu aies eu
Qu'il ait eu
Que nous ayons eu
Que vous ayez eu
Qu'ils aient eu
PLUS-QUE-PARFAIT.
Que j'eusse eu
Que tu eusses eu
Qu'il eût eu
Que nous eussions
Que vous eussiez eu
Qu'ils eussent eu

Verbe auxiliaire ÊTRE.

Part. présent. *Étant*. Part. passé. *Été*.

Mode infinitif.
PRÉSENT.
Être
PASSÉ.
Avoir été

Mode indicatif.
PRÉSENT.
Je suis
Tu es
Il est
Nous sommes
Vous êtes
Ils sont
IMPARFAIT.
J'étais
Tu étais
Il était
Nous étions
Vous étiez
Ils étaient
PASSÉ DÉFINI.
Je fus
Tu fus
Il fut
Nous fûmes
Vous fûtes
Ils furent
PASSÉ INDÉFINI.
J'ai été
Tu as été
Il a été
Nous avons été
Vous avez été
Ils ont été
PASSÉ ANTÉRIEUR.
J'eus été
Tu eus été
Il eut été
Nous eûmes été
Vous eûtes été
Ils eurent été
PLUS-QUE-PARFAIT
J'avais été
Tu avais été
Il avait été
Nous avions été
Vous aviez été
Ils avaient été
FUTUR.
Je serai
Tu sera
Il seras
Nous serons
Vous serez
Ils seront
FUTUR ANTÉRIEUR
J'aurai été
Tu auras été
Il aura été
Nous aurons été
Vous aurez été
Ils auront été

Mode conditionnel.
PRÉSENT.
Je serais
Tu serais
Il serait
Nous serions
Vous seriez
Ils seraient
PASSÉ.
J'aurais été
Tu aurais été
Il aurait été
Nous aurions été
Vous auriez été
Ils auraient été

ON DIT AUSSI :
J'eusse été
Tu eusses été
Il eût été
Nous eussions été
Vous eussiez été
Ils eussent été

Mode impératif.
Sois
Soyons
Soyez

Mode subjonctif.
PRÉSENT.
Que je sois
Que tu sois
Qu'il soit
Que nous soyons
Que vous soyez
Qu'ils soient
IMPARFAIT.
Que je fusse
Que tu fusses
Qu'il fût
Que nous fussions
Que vous fussiez
Qu'ils fussent
PASSÉ.
Que j'aie été
Que tu aies été
Qu'il ait été
Que nous ayons été
Que vous ayez été
Qu'ils aient été
PLUS-QUE-PARFAIT.
Que j'eusse été
Que tu eusses été
Qu'il eût été
Que nous eusions été
Que vous eussiez été
Qu'ils eussent été

Conjuguer de même : *être aimable, être poli, être pauvre et honnête*.

VERBES TRANSITIFS.

PREMIÈRE CONJUGAISON EN *ER*.

Part. présent. *Chantant*. Part. passé. *Chanté*.

Mode infinitif.
PRÉSENT.
Chanter.
PASSÉ.
Avoir chanté.

Mode indicatif.
PRÉSENT.
Maintenant :
Je chant *e*
Tu chant *es*
Il chant *e*
Nous chant *ons*
Vous chant *ez*
Ils chant *ent*

IMPARFAIT.
Autrefois :
Je chant *ais*
Tu chant *ais*
Il chant *ait*
Nous chant *ions*
Vous chant *iez*
Ils chant *aient*

PASSÉ DÉFINI.
L'an passé :
Je chant *ai*
Tu chant *as*
Il chant *a*
Nous chant *âmes*
Vous chant *âtes*
Ils chant *èrent*

PASSÉ INDÉFINI.
Hier, aujourd'hui :
J'ai chant *é*
Tu as chant *é*
Il a chant *é*
Nous avons chant *é*
Vous avez chant *é*
Ils ont chant *é*

PASSÉ ANTÉRIEUR.
Avant cela :
J'eus chant *é*
Tu eus chant *é*
Il eut chant *é*
Nous eûmes chant *é*
Vous eûtes chant *é*
Ils eurent chant *é*

PLUS-QUE PARFAIT.
Quand vous vîntes :
J'avais chant *é*
Tu avais chant *é*
Il avait chant *é*
Nous avions chant *é*
Vous aviez chant *é*
Ils avaient chant *é*

FUTUR.
Demain :
Je chant *erai*
Tu chant *eras*
Il chant *era*
Nous chant *erons*
Vous chant *erez*
Ils chant *eront*

FUTUR ANTÉRIEUR.
Lorsque vous viendrez :
J'aurai chant *é*
Tu auras chant *é*
Il aura chant *é*
Nous aurons chant *é*
Vous aurez chant *é*
Ils auront chant *é*

Mode conditionnel.
PRÉSENT.
Si je pouvais :
Je chant *erais*
Tu chant *erais*
Il chant *erait*
Nous chant *erions*
Vous chant *eriez*
Ils chant *eraient*

PASSÉ.
J'aurais chant *é*
Tu aurais chant *é*
Il aurait chant *é*
Nous aurions chant *é*
Vous auriez chant *é*
Ils auraient chant *é*

ON DIT AUSSI :
J'eusse chant *é*
Tu eusses chant *é*
Il eût chant *é*
Nous eussions chant *é*
Vous eussiez chant *é*
Ils eussent chant *é*

Mode impératif.
Chant *e*
Chant *ons*
Chant *ez*

Mode subjonctif.
PRÉSENT.
Il faut, il faudra :
Que je chant *e*
Que tu chant *es*
Qu'il chant *e*
Que nous chant *ions*
Que vous chant *iez*
Qu'ils chant *ent*

IMPARFAIT.
Il fallait, il faudrait :
Que je chant *asse*
Que tu chant *asses*
Qu'il chant *ât*
Que n. chant *assions*
Que v. chant *assiez*
Qu'ils chant *assent*

PASSÉ.
Que j'aie ⎫
Que tu aies ⎪
Qu'il ait ⎬ chant *é*
Que n. ayons ⎪
Que v. ayez ⎪
Qu'ils aient ⎭

PLUS-QUE-PARFAIT.
Que j'eusse ⎫
Que tu eusses ⎪
Qu'il eût ⎬ chant *é*
Que n. eussions ⎪
Que v. eussiez ⎪
Qu'ils eussent ⎭

Ainsi se conjuguent : *Abaisser, chauffer, condamner, implorer, parler, aimer, danser*, etc.

DEUXIÈME CONJUGAISON EN *IR*.

Part. présent. *Finissant*. Part. passé. *Fini*.

Mode Infinitif.
PRÉSENT.
Finir
PASSÉ.
Avoir fini.
Mode indicatif.
PRÉSENT.
Je fin *is*
Tu fin *is*
Il fin *it*
Nous fin *issons*
Vous fin *issez*
Ils fin *issent*
IMPARFAIT.
Je fin *issais*
Tu fin *issais*
Il fin *issait*
Nous fin *issions*
Vous fin *issiez*
Ils fin *issaient*
PASSÉ DÉFINI.
Je fin *is*
Tu fin *is*
Il fin *it*
Nous fin *îmes*
Vous fin *îtes*
Ils fin *irent*
PASSÉ INDÉFINI.
J'ai fin *i*
Tu as fin *i*
Il a fin *i*
Nous avons fin *i*
Vous avez fin *i*
Ils ont fin *i*
PASSÉ ANTÉRIEUR.
J'eus fin *i*
Tu eus fin *i*
Il eut fin *i*
Nous eûmes fin *i*

Vous eûtes fin *i*
Ils eurent fin *i*
PLUS-QUE-PARFAIT.
J'avais fin *i*
Tu avais fin *i*
Il avait fin *i*
Nous avions fin *i*
Vous aviez fin *i*
Ils avaient fin *i*
FUTUR.
Je fin *irai*
Tu fin *iras*
Il fin *ira*
Nous fin *irons*
Vous fin *irez*
Ils fin *iront*
FUTUR ANTÉRIEUR.
J'aurai fin *i*
Tu auras fin *i*
Il aura fin *i*
Nous aurons fin *i*
Vous aurez fin *i*
Ils auront fin *i*
Mode conditionnel.
PRÉSENT.
Je fin *irais*
Tu fin *irais*
Il fin *irait*
Nous fin *irions*
Vous fin *iriez*
Ils fin *iraient*
PASSÉ.
J'aurais fin *i*
Tu aurais fin *i*
Il aurait fin *i*
Nous aurions fin *i*
Vous auriez fin *i*
Ils auraient fin *i*

ON DIT AUSSI :
J'eusse fin *i*
Tu eusses fin *i*
Il eût fin *i*
Nous eussions fin *i*
Vous eussiez fin *i*
Ils eussent fin *i*
Mode impératif.
Fin *is*
Fin *issons*
Fin *issez*
Mode subjonctif.
Que je fin *isse*
Que tu fin *isses*
Qu'il fin *isse*
Que nous fin *issions*
Que vous fin *issiez*
Qu'ils fin *issent*
IMPARFAIT.
Que je fin *isse*
Que tu fin *isses*
Qu'il fin *it*
Que nous fin *issions*
Que vous fin *issiez*
Qu'ils fin *issent*
PASSÉ.
Que j'aie fin *i*
Que tu aies fin *i*
Qu'il ait fin *i*
Que nous ayons fin *i*
Que vous ayez fin *i*
Qu'ils aient fin *i*
PLUS-QUE-PARFAIT.
Que j'eusse fin *i*
Que tu eusses fin *i*
Qu'il eût fin *i*
Que n. eussions fin *i*
Que v. eussiez fin *i*
Qu'ils eussent fin *i*

Ainsi se conjuguent : *Avertir, pétrir, adoucir, maigrir, obéir, assainir, ensevelir*, etc.

TROISIÈME CONJUGAISON EN *OIR*.

Part. présent. *Recevant.* Part. passé. *Reçu.*

Mode infinitif.
PRÉSENT.
Recevoir
PASSÉ.
Avoir reçu
Mode indicatif.
PRÉSENT.
Je reç *ois*
Tu reç *ois*
Il reç *oit*
Nous rec *evons*
Vous rec *evez*
Ils reç *oivent*
IMPARFAIT.
Je rec *evais*
Tu rec *evais*
Il rec *evait*
Nous rec *evions*
Vous rec *eviez*
Ils rec *evaient*
PASSÉ DÉFINI.
Je reç *us*
Tu reç *us*
Il reç *ut*
Nous reç *ûmes*
Vous reç *ûtes*
Ils reç *urent*
PASSÉ INDÉFINI.
J'ai reç *u*
Tu as reç *u*
Il a reç *u*
Nous avons reç *u*
Vous avez reç *u*
Ils ont reç *u*
PASSÉ ANTÉRIEUR.
J'eus reç *u*
Tu eus reç *u*
Il eut reç *u*
Nous eûmes reç *u*

Vous eûtes reç *u*
Ils eurent reç *u*
PLUS-QUE-PARFAIT.
J'avais reç *u*
Tu avais reç *u*
Il avait reç *u*
Nous avions reç *u*
Vous aviez reç *u*
Ils avaient reç *u*
FUTUR.
Je rec *evrai*
Tu rec *evras*
Il rec *evra*
Nous rec *evrons*
Vous rec *evrez*
Ils rec *evront*
FUTUR ANTÉRIEUR.
J'aurai reç *u*
Tu auras reç *u*
Il aura reç *u*
Nous aurons reç *u*
Vous aurez reç *u*
Ils auront reç *u*
Mode conditionnel.
PRÉSENT.
Je rec *evrais*
Tu rec *evrais*
Il rec *evrait*
Nous rec *evrions*
Vous rec *evriez*
Ils rec *evraient*
PASSÉ.
J'aurais reç *u*
Tu aurais reç *u*
Il aurait reç *u*
Nous aurions reç *u*
Vous auriez reç *u*
Ils auraient reç *u*

ON DIT AUSSI.
J'eusse reç *u*
Tu eusses reç *u*
Il eût reç *u*
Nous eussions reç *u*
Vous eussiez reç *u*
Ils eussent reç *u*
Mode impératif.
Reç *ois*
Rec *evons*
Rec *evez*
Mode subjonctif.
PRÉSENT.
Que je reç *oive*
Que tu reç *oives*
Qu'il reç *oive*
Que nous rec *evions*
Que vous rec *eviez*
Qu'ils reç *oivent*
IMPARFAIT.
Que je reç *usse*
Que tu reç *usses*
Qu'il reç *ût*
Que nous reç *ussions*
Que vous reç *ussiez*
Qu'ils reç *ussent*
PASSÉ.
Que j'aie reç *u*
Que tu aies reç *u*
Qu'il ait reç *u*
Que nous ayons reç *u*
que vous ayez reç *u*
Qu'ils aient reç *u*
PLUS QUE-PARFAIT
Que j'eusse reç *u*
Que tu eusses reç *u*
Qu'il eût reç *u*
Que n. eussions reç *u*
Que vous eussiez reç *u*
Qu'ils eussent reç *u*

Ainsi se conjugent : *Apercevoir, concevoir, devoir, percevoir.*

QUATRIÈME CONJUGAISON EN *RE*.

Part. présent. *Rendant*. Part. passé. *Rendu*.

Mode infinitif
PRÉSENT.
Rendre
PASSÉ.
Avoir rendu.

Mode indicatif.
PRÉSENT.
Je rend *s*
Tu rend *s*
Il rend
Nous rend *ons*
Vous rend *ez*
Ils rend *ent*

IMPARFAIT.
Je rend *ais*
Tu rend *ais*
Il rend *ait*
Nous rend *ions*
Vous rend *iez*
Ils rend *aient*

PASSÉ DÉFINI.
Je rend *is*
Tu rend *is*
Il rend *it*
Nous rend *îmes*
Vous rend *îtes*
Ils rend *irent*

PASSÉ INDÉFINI.
J'ai rend *u*
Tu as rend *u*
Il a rend *u*
Nous avons rend *u*
Vous avez rend *u*
Ils ont rend *u*

PASSÉ ANTÉRIEUR.
J'eus rend *u*.
Tu eus rend *u*
Il eut rend *u*
Nous eûmes rend *u*
Vous eûtes rend *u*
Ils eurent rend *u*

PLUS-QUE-PARFAIT.
J'avais rend *u*
Tu avais rend *u*
Il avait rend *u*
Nous avions rend *u*
Vous aviez rend *u*
ils avaient rend *u*

FUTUR.
Je rend *rai*
Tu rend *ras*
Il rend *ra*
Nous rend *rons*
Vous rend *rez*
Ils rend *ront*

FUTUR ANTÉRIEUR.
J'aurai rend *u*
Tu auras rend *u*
Il aura rend *u*
Nous aurons rend *u*
Vous aurez rend *u*
Ils auront rend *u*

Mode conditionnel.
PRÉSENT.
Je rend *rais*
Tu rend *rais*
Il rend *rait*
Nous rend *rions*
Vous rend *riez*
Ils rend *raient*

PASSÉ.
J'aurais rend *u*
Tu aurais rend *u*
Il aurait rend *u*
Nous aurions rend *u*
Vous auriez rend *u*
Ils auraient rend *u*

ON DIT AUSSI :
J'eusse rend *u*
Tu eusses rend *u*
Il eût rend *u*
Nous eussions rend *u*
Vous eussiez rend *u*
Ils eussent rend *u*

Mode impératif.
Rend *s*
Rend *ons*
Rend *ez*

Mode subjonctif.
PRÉSENT.
Que je rend *e*
Que tu rend *es*
Qu'il rend *e*
Que nous rend *ions*
Que vous rend *iez*
Qu'ils rend *ent*

IMPARFAIT.
Que je rend *isse*
Que tu rend *isses*
Qu'il rend *ît*
Que nous rend *issions*
Que vous rend *issiez*
Qu'ils rend *issent*

PASSÉ.
Que j'aie rend *u*
Que tu aies rend *u*
Qu'il ait rend *u*
Que n. ayons rend *u*
Que vous ayez rend *u*
Qu'ils aient rend *u*

PLUS-QUE-PARFAIT.
Que j'eusse rend *u*
Que tu eusses rend *u*
Qu'il eût rend *u*
Que n. eussions rend *u*
Que v. eussiez rend *u*
Qu'ils eussent rend *u*

Conjuguez de même : *Vendre, tendre, défendre, prendre, mordre, perdre, répondre, rompre,*

Remarques sur certains verbes de la première conjugaison.

69. Les verbes terminés à l'infinitif par *cer*, comme *placer, forcer*, prennent une cédille (ç) sous le *c* devant *a, o, u* pour l'adoucir. — Ex : *Tu plaças, nous forçons*.

70. Les verbes en *ger*, comme *manger, changer*, conservent un *e* devant *a, o*. — Ex : *Il mangea, nous mangeons*.

71. Ceux en *eler, eter*, comme *appeler, jeter*, doublent *l* et *t* devant un *e* muet. — Ex : *J'appelle, tu jetteras*.

Excepté *acheter, bourreler, déceler, geler, harceler, peler*, qui prennent un accent grave et ne doublent pas la consonne *l* ou *t* : *j'achète, il gèle*, etc.

72. Les verbes qui ont un *e* ou un *é* à l'avant dernière syllabe, comme *semer, promener, espérer*, le changent en *è* devant une syllabe muette. — Ex : *semer, je sème, je sèmerai, espérer, j'espère*. — Les verbes en *éger* conservent l'*é* fermé.

73. Ceux en *ier*, comme *prier, étudier*, prennent deux *i*, à la 1re et à la 2e personne plurielle de l'imparfait de l'indicatif et du présent du subjonctif. — Ex : *Hier nous priions, vous priiez. Il faut que vous étudiiez*. Les verbes en *yer*, prennent un *i* avec l'*y* à ces mêmes personnes (1).

74. Ceux en *uyer, oyer*, comme *essuyer, nettoyer*, changent *y* en *i* devant un *e* muet. — Ex : *Tu essuies; il nettoiera*. Toutefois il vaut mieux conserver l'*y* dans les verbes en *ayer*. — Ex : *Je raye, tu payes*.

75. Les verbes en *éer*, comme *créer, agréer*, ne prennent qu'un *é* devant les voyelles *a, o, i*. Au participe passé féminin, ils prennent deux *é* et un *e* muet. — Ex : *Créée, agréée*.

76. Les verbes seuls de la 1re conjugaison prennent un *e* au futur et au conditionnel devant *rai, rais*. Ex : *Je prierai, tu lieras*, etc;. *cueillir* et ses dérivés suivent aussi cette règle. Il faut donc écrire : *je lierai ce paquet, puis je lirai le journal. Tu me confieras ton secret. Le confiseur confira ces fruits*.

---

(1) Tous les verbes qui font *iant* ou *yant* au participe présent suivent cette règle, quelle que soit la conjugaison à laquelle ils appartiennent.

77. 2ᵉ *Conjugaison*. — Haïr fait au présent de l'indicatif *je hais, tu hais, il hait,* et à l'impératif, *hais;* dans tout le reste du verbe il prend un tréma sur l'*i* (1).

78. 3ᵉ *Conjugaison*. — Les verbes en *indre, soudre, ire, ure, aître,* etc., prennent *s, s t,* au lieu de *ds, ds, d* au présent de l'indicatif. — Ex : *Je peins, tu ris, il absout,* etc. — *Vaincre, convaincre* font : *il vainc, il convainc*.

Acquérir, courir, voir, échoir, mourir et pouvoir prennent deux *r* au futur et au conditionnel présent. Ex : — *Je courrai, je mourrai, je pourrai,* etc.

79. Les verbes se composent de deux parties distinctes, l'une *invariable*, appelée *radical*, l'autre *variable*, appelée *terminaison* : ainsi dans *j'*AIM *e*, *nous* AIM *ons*, *je* FIN *is*, *nous* FIN *issons*, le radical est *aim, fin* et les terminaisons, *e, ons, is, issons*.

Verbe interrogatif AIMER.

Mode indicatif.		
PRÉSENT.	Aimais-tu ?	Aimâtes-vous ?
Aimé-je ?	Aimait-il ?	Aimèrent-ils ?
Aimes-tu ?	Aimions-nous ?	PASSÉ INDÉFINI.
Aime-t-il ?	Aimiez-vous ?	Ai-je aimé ?
Aimons-nous ?	Aimaient-ils ?	As-tu aimé ?
Aimez-vous ?	PASSÉ DÉFINI.	A-t-il aimé ?
Aiment-ils ?	Aimai-je ?	Avons-nous aimé ?
IMPARFAIT.	Aimas-tu ?	Avez-vous aimé ?
Aimais-je ?	Aima-t-il ?	Ont-ils aimé ?
	Aimâmes-nous ?	

(*Et ainsi des autres temps de l'indicatif et du conditionnel*).

80. En considérant attentivement ces quelques temps, l'élève remarquera que le trait d'union se place entre le verbe et le sujet dans les temps simples, et entre l'auxiliaire et le sujet dans les temps composés. — Il remarquera aussi que pour éviter la rencontre désagréable de deux voyelles, on emploie un *t* euphonique (entre deux traits d'union) comme dans : *Qu'a-*T*-il dit ? Viendra-*T*-il ?*

Si le verbe n'a qu'une syllabe comme *je prends, je dors, je vends* au lieu de dire : *prends-je ? dors-je ? vends-je ?* on se sert de cette construction : *Est-ce que je prends ?* etc. Cependant l'usage permet de dire : *ai-je ? suis-je ? fais-je ? dois-je ? puis-je ?*

---

(1) Il ne faudra pas confondre le participe *béni* avec l'adjectif *bénit*. Ce dernier ne s'emploie que lorsqu'il s'agit de choses consacrées par une cérémonie religieuse. Une famille *bénie* du ciel. De l'eau BÉNITE.

Observations sur la terminaison des temps simples des quatre conjugaisons.

82. La 1re personne du singulier est toujours terminée par un *s*, ou par *e* muet si la dernière syllabe est muette : *je lis, je reçois, je parlE*. Excepté au futur simple des quatre conjugaisons et au passé défini de la 1re : *je parlAI, je parlerAI*. (1)

La 2e personne du singulier est toujours terminée par *s* : *tu fais, tu reçus, tu marches*.

La 3e personne du singulier finit par *t*, ou par un *e* muet si la dernière syllabe est muette : *il liT, il reçuT, il parlE*. Excepté au futur simple des quatre conjugaisons et au passé défini de la 1e *il parlA, il parlerA, il finirA*.

La 1re personne du pluriel est toujours terminée par *s* : — *nous aimons, nous rendons*.

La 2e personne du pluriel est toujours terminée par *ez*, ou par *tes* si la dernière syllabe est muette : — *vous lisez, vous faites*.

La 3e personne du pluriel se termine toujours par *ent* ou *ont* : — *ils aimENT, ils finirONT*.

La 2e personne du singulier de l'impératif est semblable à la première de l'indicatif. *Parle, je parlE, reçois, je reçois;* etc. (2) Il faut écrire *donne pense* et non *donnes, penses*, à moins que l'impératif ne sois suivi de *y* ou de *en* pronom : — *penses-y, donnes-en*. — *Vas-en chercher; vas-y vite*.

84. L'imparfait du subjonctif conserve *ss* à toutes ses personnes, excepté à la 3e personne du singulier qui prend un *t* : *Que je vinsse, que tu vinsses, qu'il vînt*.

Pour ne pas confondre le passé défini *il chanta, il reçut* avec l'imparfait du subjonctif *qu'il chantât qu'il reçût*, il faut mettre ces temps au pluriel et consulter le sens. Ainsi, on écrit avec le passé défini : *il chanta*

---

(1) *Pouvoir, valoir, vouloir*, prennent *x* aux deux premières personnes du singulier du présent de l'indicatif.

(2) Excepté les 4 verbes *avoir, être, aller, savoir*, qui font *aie, sois, va, sache*

pendant une heure, attendu qu'on peut dire *ils chantèrent pendant une heure*, et avec l'imparfait du subjonctif : *je désirais qu'il chantât pendant une heure*, attendu qu'on peut dire : *qu'ils chantassent*.

Formation des Temps.

81. On appelle temps *primitifs* ceux qui servent à former les autres ; il y en a cinq :

Le *participe présent*, le *participe passé*, le *présent de l'infinitif*, le *présent de l'indicatif* et le *passé défini*.

I. Du *participe présent*, on forme : 1° les trois personnes plurielles du présent de l'indicatif par le changement de *ant* en *ons, ez, ent* (1); parlANT, *nous parl*ONS, *vous parl*EZ, *ils parl*ENT. 2° l'imparfait de l'indicatif par le changement de *ant* en *ais* : parlANT, *je parl*AIS, etc. ; 3° le présent du *subjonctif*, par le changement de *ant* en *e* (et de *evant* en *oive* pour la 3ᵉ conjugaison), *rendant, que je rende*.

II. Du *participe passé*, avec les verbes *avoir, être*, on forme tous les temps composés.

III. Du *présent de l'infinitif*, on forme le futur et le conditionnel, par le changement de *r, re* ou *oir* en *rai* ou *rais* : *aimer, j'aim*ERAI ; *finir, je fini*RAI, *recevoir, je rece*VRAI ; *rendre, je rend*RAI.

IV. Du *présent de l'indicatif*, on forme l'impératif en supprimant les pronoms *je, nous, vous*.

V. En ajoutant *se* à la 2ᵉ personne du singulier du *passé défini*, on forme l'imparfait du subjonctif : *tu donnas, que je donna*SSE; *tu reçus, que je reçu*SSE.

(*Quelques verbes font exception à ces règles, l'usage et le dictionnaire les feront connaître.*)

---

(1) Excepté les verbes de la 3ᵉ conjugaison, qui, à la troisième personne plurielle, changent *evant* en *oivent* ; *recevant, ils* reÇOIVENT.

VERBES INTRANSITIFS.

86. Dans leurs temps simples, ces verbes sont conformes aux verbes transitifs, mais à l'égard de leurs temps composés les uns prennent l'auxiliaire *avoir*, comme *succéder, paraître*, les autres prennent *être*, comme *arriver, tomber*. — Voici un modèle de ceux qui se conjuguent avec *être*..

Part. présent. *Arrivant*. Part. passé. *Arrivé*.

Mode infinitif.	Passé antérieur.	On dit aussi :
Présent. Arriver	Je fus arrivé *ou* arrivée, etc.	Je fusse arrivé *ou* arrivée, etc.
Passé. Être arrivé *ou* arrivée	Plus-que-parfait.	Mode impératif.
Mode indicatif. Présent. J'arrive Tu arrives, etc.	J'étais arrivé *ou* arrivée, etc.	Arrive Arrivons Arrivez
Imparfait. J'arrivais Tu arrivais, etc.	Futur. J'arriverai Tu arriveras, etc.	Mode subjonctif. Présent. Que j'arrive, etc.
Passé défini. J'arrivai Tu arrivas, etc.	Futur antérieur. Je serai arrivé *ou* arrivée, etc.	Imparfait. Que j'arrivasse, etc.
Passé indéfini. Je suis } arrivé Tu es } ou Il ou elle est } arrivée N. sommes } arrivés Vous êtes } ou Ils ou elles sont } arrivées	Mode conditionnel. Présent. J'arriverais, etc. Passé. Je serais arrivé *ou* arrivée etc.	Passé. Que je sois arrivé *ou* arrivée, etc. Plus-que-parfait. Que je fusse arrivé *ou* arrivée, etc.

Verbes Réfléchis.

87. Dans les temps composés de ces verbes, l'auxiliaire *être* est employé pour l'auxiliaire *avoir*. Ainsi : *je* ME *suis flatté* est mis pour *j'ai flatté* MOI ; *ces rois* SE *sont succédé*, pour *ont succédé à* EUX. Ils sont donc transitifs ou intransitifs.

Verbe SE FLATTER.

Part. présent, *Se flattant*. Part. passé. *Flatté*.

Mode Infinitif.	PASSÉ ANTÉRIEUR.	**Mode Impératif.**
PRÉSENT.	Je me fus flatté *ou* flattée, etc.	Flatte-toi, etc.
Se flatter		**Mode subjonctif.**
PASSÉ.	PLUS-QUE-PARFAIT.	PRÉSENT.
S'être flatté	Je m'étais flatté *ou* flatté, etc.	Que je me flatte, etc.
Mode indicatif.		IMPARFAIT.
PRÉSENT.	FUTUR.	Que je me flattasse etc.
Je me flatte	Je me flatterai, etc.	
Tu te flattes	FUTUR ANTÉRIEUR.	PASSÉ.
Il se flatte	Je me serai flatté *ou* flattée, etc.	Que je me sois flatté *ou* flattée, etc.
Nous nous flattons		
Vous vous flattez	**Mode conditionnel.**	PLUS-QUE-PARFAIT.
Ils se flattent	PRÉSENT.	Que je me fusse flatté *ou* flattée, etc.
IMPARFAIT.	Je me flatterais, etc.	
Je me flattais, etc.	PASSÉ	
PASSÉ DÉFINI.	Je me serais flatté *ou* flattée, etc.	
Je me flattai, etc.		
PASSÉ INDÉFINI.	ON DIT AUSSI :	
Je me suis flatté *ou* flattée, etc.	Je me fusse flatté *ou* flattée, etc.	

Verbes unipersonnels.

88 Ces verbes sont ainsi nommés parce qu'ils ne s'emploient qu'à la 3ᵉ personne du singulier. Donnons pour exemple le verbe *pleuvoir*.

Il pleut. Il pleuvait. Il plut. Il a plu. Il eut plu. Il avait plu. Il pleuvra. Il aura plu. Il pleuvrait. Il aurait ou il eût plu. Qu'il pleuve. Qu'il plût. Qu'il ait plu. Qu'il eût plu

Ainsi se conjuguent : *Il neige. Il tonne. Il grêle. Il faut. Il importe. Il semble.*

NOTA : Quelques auteurs admettent une 5ᵉ variété de verbes nommés *verbes passifs*: C'est simplement le verbe *être* accompagné d'un adjectif verbal. Cette distinction n'est, du reste, d'aucune utilité pour la pratique, car on écrit *nous* SOMMES AIMÉS *et* RESPECTÉS, absolument comme *nous* SOMMES SAGES *et* PRUDENTS.

Accord du Verbe avec son Sujet.

89. Tout verbe s'accorde en nombre et en personne avec son sujet : Ex : — *Cet homme* LIT ; *ces hommes* LISENT,

90. Lorsqu'un verbe a plusieurs sujets singuliers il se met au pluriel : Ex : — *Mon père et ma mère travaill*ENT.

Si les sujets sont de différentes personnes, le verbe se met au pluriel et s'accorde avec celle qui a la priorité ; la première a la priorité sur les deux autres, et la deuxième sur la troisième : — *Vous et moi* NOUS *lisons.*

Du Participe.

91. Le *participe* est un mot qui tient à la fois du verbe et de l'adjectif. Il tient du verbe en ce qu'il en a la signification et qu'il peut avoir un complément : — *Des enfants* AIMANT, AYANT AIMÉ *leur père* (1). Il participe de la nature de l'adjectif en ce qu'il qualifie le nom. — *Un prince* CHÉRI. DES *enfants* AIMÉS.

92 Il y a deux sortes de participes : le *participe présent* et le *participe passé.*

93. **Du participe présent.** — Il est toujours terminé par *ant* ; il exprime une action présente et reste invariable. — *Des enfants* ÉTUDIANT *leurs leçons,* CONTENTANT *leur maître.* — *Une femme* SOUFFRANT *beaucoup,* PLEURANT *sans cesse.*

94. Il ne faut pas confondre le participe présent, qui exprime toujours *l'action*, avec l'adjectif verbal (terminé aussi par *ant*), qui exprime toujours un *état, une manière d'être habituelle*, et qui s'accorde.

Ex : — *Je connais des enfants* CARESSANTS. — *Cette personne est toujours* SOUFFRANTE, PLEURANTE *et* GÉMISSANTE.

95. NOTA ; En général quand le mot en *ant* a un complément direct, qu'il est précédé de *en* ou qu'il est accompagné de la négation *ne*, il est participe présent.

Les autres moyens mécaniques de le distinguer sont fautifs (2).

96. **Du participe passé.** — *Règles :* 1º Le participe passé

---

(1) Dans les verbes de la 1re conjugaison, les élèves confondent quelquefois le participe passé avec le présent de l'infinitif ; ils pourront se servir de ce moyen pour les reconnaître voir : si l'on peut remplacer le mot à écrire par *faire* ou *fait* ; dans le premier cas, ce sera l'infinitif, dans le second cas, ce sera le participe.

(2) Les participes présents *fabriquant, vaquant,* changent *qu* en *c* en devenant le 1er nom et le 2, adjectif : *fabricant, vacant ;* — *fatiguant, intriguant,* perdent l'*u* en devenant adjectifs. *Un homme* INTRIGUANT *sans cesse. C'est un homme* INTRIGANT. — D'autres comme *adhérant, équivalant, précédant, coïncidant,* etc, changent *ant* en *ent* en devenant adjectifs : — *adhérent, équivalent, précédent.*

employé sans auxiliaire, ou avec l'auxiliaire *être*, s'accorde en genre et en nombre avec le mot auquel il se rapporte. Ex : — *Une mère* AIMÉE *de ses enfants.* — *Des personnes* INSTRUITES. — *Mes devoirs sont* FAITS. — *La vertu sera* RÉCOMPENSÉE.

2° Conjugué avec *avoir*, il s'accorde avec son complément direct lorsqu'il en est précédé, et reste invariable s'il n'en est pas précédé ou s'il n'en a pas. Ex. — *Dieu nous a* CRÉÉS. *Les infortunés que cette dame a* SOULAGÉS. *Cette dame a* SOULAGÉ *des infortunés.*

3° Le participe passé des verbes réfléchis, quoique conjugué avec *être*, s'accorde avec son complément direct lorsqu'il en est précédé, et reste invariable s'il en est suivi, ou s'il n'en a pas. *Ils se sont* FÉLICITÉS (ils ont félicité *eux*); *ils se* SONT SUCCÉDÉ (c'est-à-dire ils ont succédé *à eux*).

4° Le participe passé des verbes unipersonnels est invariable. Ex. — *Les froids qu'il a* FAIT : — *Les sommes qu'il a* FALLU.

97. *Remarques.* 1° Le participe suivi d'un infinitif s'accorde s'il a pour complément direct le pronom qui précède, et reste invariable, s'il a pour complément direct l'infinitif. — *La femme que j'ai* ENTENDUE *chanter.* — *Les hommes que j'ai* VUS *courir.*

On reconnaît que le participe a pour complément direct le pronom qui précède, si on peut mettre ce pronom après le participe, et changer l'infinitif en participe présent ; au contraire, qu'il a pour complément direct l'infinitif, si ce changement ne peut pas avoir lieu. Ainsi, dans les exemples précédents, on peut dire : *j'ai entendu* ELLE CHANTANT, *j'ai vu* EUX COURANT ; donc il y a accord.

Mais dans cette phrase : *Les tableaux que j'ai* VU *peindre*, on ne peut pas dire: *j'ai vu eux peignant*, mais *peindre eux* ; donc point d'accord.

2. Le participe est encore invariable lorsqu'il a pour complément direct *l'* mis pour un membre de phrase, Ex. — *Cette chose est arrivée ainsi que je l'avais* PRÉVU : (*l'* est mis pour *qu'elle arriverait*.)

3° Le participe *fait*, suivi d'un infinitif, reste invariable. Ex. — *Les livres que j'ai* FAIT *acheter.*

4° Quelquefois l'infinitif est sous-entendu : Alors le participe est invariable : *Je lui ai rendu tous les services que j'ai* PU *et que j'ai* DU (sous-entendu *lui rendre.*)

5° Le pronom *que* n'est pas complément direct dans ces phrases et autres semblables. — *Les heures que j'ai* DORMI. *Les années qu'il a* RÈGNÉ. La préposition *pendant* est sous-entendue.

6° Le participe entre deux *que* reste invariable. Ex : — *Les revers que j'ai* PRÉVU *que vous éprouveriez.*

7° Le participe, ou l'adjectif, qui se rapporte au mot *le peu* reste invariable ou s'accorde avec le mot suivant, selon que *le peu* signifie *le manque* ou *la petite quantité*. Ex : — *Le peu d'affection que vous lui avez* TÉMOIGNÉE *lui a rendu le courage. Le peu d'affection que vous lui avez* TÉMOIGNÉ *l'a* DÉCOURAGÉ.

8° Le pronom *en*, signifiant *de cela*, est complément indirect. On dira donc en parlant de pommes : *j'en ai* MANGÉ, et non : *j'en ai mangées.*

9° *Coûté* et *valu*, participes de verbes neutres sont invariables, à moins qu'ils ne signifient *procurer, causer, apporter*. — On écrira donc avec accord : *Les peines que cette affaire m'a* COUTÉES. *Les honneurs que sa protection m'a* VALUS.

Disons toutefois que l'Académie ne partage pas cette opinion pour *coûté* qu'elle laisse invariable.

De l'Adverbe.

98. L'*adverbe* est un mot invariable qui se joint à un verbe, ou à un adjectif, ou à un autre adverbe pour le modifier. Ex. — *Jules prie* BIEN, *est* FORT *docile et se conduit* TRÈS-*bien*.

99. L'adverbe a par lui-même un sens complet ; il équivaut à un nom complément d'une préposition. Ainsi *brutalement, hautement* etc, sont mis pour : *avec brutalité, avec hauteur*.

100. Certains adjectifs sont employés quelquefois comme adverbes. *Ex.* : — *chanter* JUSTE, *parler* BAS, *frapper* FORT *et* FERME.

101. Une réunion de mots, faisant l'office d'adverbe, se nomme *locution adverbiale* : — *lire* SANS CESSE, *tomber* TOUT-A-COUP, PAR HASARD.

102. Une foule d'adverbes se forment des adjectifs : — Par exemple, *utilement* vient de *utile* ; *aveuglément* de *aveugle* ; *naturellement,* de *naturel* , etc.

Les principaux adverbes sont : *Ailleurs, alors, alentour, assez, aujourd'hui, hier, aussitôt, autrefois, beaucoup, combien, comment, bien, bientôt, dedans, dehors, déjà, demain, encore, guère, ensuite, ici, jamais, là, loin, même, mieux, moins, en-*

semble, maintenant, où, partout, pas, plutôt, point, peu, presque, souvent, tant, tôt, tard, tantôt, toujours, très, trop, volontiers, y, etc.

103. *Remarque.*—Il ne faut pas confondre y, adverbe, avec y pronom : y, adverbe, signifie *là* : —J'y vais. J'y suis.

De la Préposition.

104. La *préposition* est un mot invariable qui sert à exprimer les divers rapports que les mots ont entre eux. Dans cet exemple : *Jules Gérard s'avança* VERS *le lion* AVEC *sa carabine* les mots *vers, avec* sont des prépositions.

105. La préposition, n'ayant d'elle-même qu'un sens incomplet, exige un complément. Elle annonce toujours un complément indirect.

106. Une réunion de mots qui font l'office de préposition se nomme *locution prépositive;* comme *en faveur de, à la réserve de, à cause de, le long de,* etc.

108. Les principales prépositions sont : *à, après, avant, avec, chez, contre, dans, de, depuis, derrière, dès, devant, en, entre, envers, hors, malgré, outre, par, parmi, pendant, pour sans, selon, sous, suivant, sur, touchant, vers, vis-à-vis,* etc.

108. *Remarque.* — Ne confondez pas *en*, préposition, avec *en*, pronom; ce dernier peut se traduire par *de cela, de lui, d'elle.*

De la Conjonction.

109. La *conjonction* est un mot invariable qui sert à joindre ensemble les membres de phrase. Ex. — *Il ne faut* NI *parler,* NI *agir,* QUAND *on est en colère;* CAR *on s'en repent toujours.* Les mots *ni, quand, car,* sont des conjonctions.

110. Une réunion de mots qui font l'office de conjonction se nomme *locution conjonctive;* comme *tandis que, bien que,* etc.

111. Les principales conjonctions sont: *car, comme, donc, et, lorsque, mais, ni, or, ou, pourquoi, puis, puisque, quand, que, quoique, si,* etc.

112. *Remarque.*—*Que*, pronom relatif, se distingue de *que*, conjonction, en ce qu'il peut se traduire par *lequel, laquelle, lesquels*.

De l'Interjection.

114. L'*interjection* est un mot invariable qui sert à exprimer les émotions vives et subites de l'âme.

AH ! *quelle joie, j'éprouve !* HÉLAS ! *quel malheur nous a frappés !*

115. Plusieurs mots faisant l'office d'interjection se nomment *locution interjective*, comme *hé bien ! fi donc ! grand Dieu ! juste ciel ! halte-là !*

116. Les principales interjections sont : *ah ! ha ! bah ! chut ! eh ! fi ! hola ! hé ! oh ! ouf ! ouais ! bravo ! crac ! hein ! hum ! parbleu ! pouah !* etc.

Emploi des Majuscules.

117. On doit commencer par une majuscule ou grande lettre 1º chaque phrase, chaque vers, les noms d'hommes, de lieux, de villes, de peuples, de mers, de montagnes, de rivières, etc. — *Napoléon, la France, les Anglais, la Méditerranée, les Alpes, le Rhône.*

2º Le mot *Dieu* et ses équivalents, tels que l'*Être-Suprême*, le *Créateur*, le *Tout-Puissant*, le *Seigneur*.

Cependant on écrit avec une minuscule le mot *dieu* désignant les fausses et ridicules divinités du paganisme.

Signes orthographiques.

118. Il y a trois sortes d'accents : l'accent aigu, l'accent grave et l'accent circonflexe.

119. L'accent aigu se place sur les *é* fermés qui terminent la syllabe : — VÉRITÉ PIÉTÉ

120. L'accent grave se place 1º sur tous les *e* ouverts qui terminent la syllabe ou qui sont suivis de *s*, final : *inquiète, mère, procès* ; 2º sur *çà, deçà, déjà, holà, voilà* ; 3º sur *là* et *où*, adverbes, *à* et *dès* prépositions, afin de les distinguer de *la* article ou pronom, *des* article, *a* verbe, *ou* conjonction.

121. L'accent circonflexe s'emploie ordinairement sur les voyelles longues, dans les mots où il y a une lettre supprimée : On a écrit *fête, île* pour *feste, isle* ; sur la lettre *i* dans les verbes en *aître, oître*, quand elle est suivie de *t* ; sur l'o précédant les finales *le, me, ne* : *pôle, arôme, trône* ; sur *a* long suivi de *t* : *château, gâteau* ; sur le participe *dû, mû, crû*, les adjectifs *mûr, sûr*, au masculin singulier, et enfin à la 1re et à la 2e personne plurielle du passé défini, et à la 3e personne singulière de l'imparfait du subjonctif.

121. Apostrophe. — On remplace *e* par une apostrophe, 1° dans *je, me, te, se, de, ce, que, le, ne*, devant une voyelle ou une *h* muette. — J'aime, je t'estime, il s'avance.

2° Dans *lorsque, puisque* et *quoique* suivis de *il, elle, on, un* : *lorsqu'on, puisqu'il*.

3° Dans *entre* devant le mot avec lequel il ne forme qu'un seul sens, comme *s'entr'aider*, etc.

4° Dans *presqu'île, quelqu'un, quelqu'autre*.

5° Dans *grand'mère, grand'tante, grand'hose, grand'peine, grand'peur, grand'route, grand'pitié, grand'croix*.

On supprime l'*i* de *si* devant *il, ils*.

122. Cédille. — La cédille se place sous le *c* devant *a, o, u*, pour lui donner le son de l's. — *Leçon, forçat*.

124. Tréma. — Le tréma se place sur les voyelles *e, i, u*, pour les faire prononcer séparément. — *Moïse, aïeul, ciguë*.

125. Trait-d'union. — Il s'emploie 1° Dans les noms composés comme *arc-en-ciel* ; 2° Comme signe additif seulement entre le mot qui exprime les dizaines et celui qui exprime les unités : *Dix-huit* (pour *dix* et *huit*), *vingt-deux, trente-cinq*, etc. et dans *quatre-vingts* ; 3° dans les verbes interrogatifs ; *Aimai-je ? rends-tu ? as-tu reçu ?* 4° avant et après la lettre euphonique *t* : *parla-t-il ?* 5° dans les expressions suivantes : *très-bien, moi-même, celui-ci* et autres semblables.

126. Parenthèse. — La parenthèse () s'emploie pour renfermer quelques mots ou une note servant à éclaircir la phrase sans être rigoureusement nécessaire.

127. Guillemet. — Le guillemet se met au commencement et à la fin d'une citation textuelle : — « *Aimez-vous les uns les autres* » répétait sans cesse l'apôtre Saint-Jean.

REMARQUES PARTICULIÈRES.

Du Nom.

27. *Du double genre de quelques noms.* — AMOUR, DÉLICE et ORGUE sont masculins au singulier, et féminins au pluriel. — Ex. :

Un amour FATAL : de FATALES amours.
Un GRAND délice : de GRANDES délices.
Un BEL orgue : de BELLES orgues.

128. AIGLE, oiseau, est masculin; aigle, signifiant enseigne, armoirie, est féminin. — Ex. :

L'aigle est FORT et COURAGEUX.
L'aigle IMPÉRIALE a été RÉTABLIE sur nos drapeaux.

129. ENFANT et ÉLÈVE sont masculins lorsqu'ils se disent d'un garçon, et féminins, lorsqu'ils se disent d'une fille. — Ex. :

CET enfant (un garçon) est UN élève STUDIEUX.
CETTE enfant (une fille) est UNE élève STUDIEUSE.

130. HYMNE, chant guerrier, est masculin, et chant d'église, féminin. — Ex. :

Un hymne NATIONAL. — Une hymne SACRÉE.

131. ORGE, céréale, est féminin. — *Nos orges sont BELLES cette année.* — On dit cependant au masculin orge PERLÉ, orge MONDÉ.

132. COUPLE, désignant simplement le nombre *deux*, est féminin. — Ex. : UNE couple d'œufs. — UNE couple de poulets.

Il est masculin s'il désigne deux personnes unies par un même sentiment, ou des animaux agissant de concert. — Ex. :

Un couple d'amis, de fripons. UN BEAU couple de bœufs.

133. PERSONNE, employé sans déterminatif, est pronom indéfini et masculin. — Ex. :

Personne n'est CONTENT de son sort.

134. GENS veut au masculin les adjectifs qui le précèdent et ceux qui le suivent. — Ex. :

TOUS les gens VERTUEUX sont HEUREUX.

Cependant quand un adjectif, *non terminé par un e* muet au masculin, est placé immédiatement devant le mot *gens*, cet adjectif se met au féminin. — Ex. :

Ces BONNES *gens sont venues trop tard.*

135. *Travail* fait au pluriel *travaux* ; cependant il fait TRAVAILS : 1° lorsqu'il s'agit de machines où l'on ferre les bœufs et les chevaux vicieux. — Ex. : *Les* TRAVAILS *des maréchaux-ferrants.* 2° lorsqu'on parle des comptes ou rapports présentés par un chef d'administration à un supérieur. — Ex. : *Le ministre a présenté cette semaine plusieurs* TRAVAILS *à l'Empereur.*

Des Noms propres.

136. Les noms propres s'écrivent au pluriel comme au singulier, lorsqu'ils désignent les personnes mêmes qui portent ou qui ont porté ces noms. — Ex. :

Les deux CORNEILLE *sont nés à Rouen.*

Les BOSSUET, *les* BOURDALOUE *ont illustré la chaire chrétienne.*

Mais ils prennent la marque du pluriel. 1° s'ils désignent des personnes semblables à celles dont on emploie le nom. — Ex. :

Les BOSSUETS *et les* MASSILLONS *sont rares.* (C'est-à-dire des orateurs comme Bossuet et Massillon sont rares), 2° une collection d'individus d'une même famille, comme *les* BOURBONS, *les* STUARTS.

Des Noms étrangers.

137. Parmi les noms empruntés des langues étrangères, les uns prennent le signe du pluriel, tels que *des agendas, des biftecks, des lazzis, des opéras, des débets, des muséums, des mémentos, des tilburys, des quolibets, des placets, des exéats, des pensums, des quiproquos, des duos, des accessits, des spécimens*, etc., — d'autres le rejettent, tels que : *des ave, des credo, des in-folio, des in-octavo, des fac-simile, des fortépiano, des ex-voto, des post-scriptum, des vade-mecum*, etc.

On dit également des *oui*, des *non*, les *si*, les *pourquoi*, etc. (1)

Des Noms composés.

138. Pour savoir comment on doit écrire les noms composés, on consulte le sens ; Ex. — *Un oiseau-mouche, des oiseaux-mouches*, c'est-à-dire, des oiseaux petits comme des mouches. Ici le sens indique qu'il y a pluralité dans les deux noms.
Dans *des appuis-main*, c'est-à-dire des *appuis* pour *la main*, on voit qu'il n'y a idée de pluralité que dans le premier mot.

En général : 1º Quand les noms composés sont formés d'un adjectif et d'un nom, ou de deux noms, ils prennent l'un et l'autre le signe du pluriel. Ex. — *Une basse-cour, des* BASSES-COURS; un *chou-fleur, des* CHOUX-FLEURS; *un garde-général, des* GARDES-GÉNÉRAUX.

2º Quand ils sont formés de deux noms unis par une préposition, le second reste invariable. *Un chef-d'œuvre, des* CHEFS-D'ŒUVRE, *un arc-en-ciel, des* ARCS-EN-CIEL.

3º Quand ils sont formés d'un nom et de mots invariables de leur nature, le nom seul prend la marque du pluriel. *Un avant-coureur, des* AVANT-COUREURS. — *Un contre-coup, des* CONTRE-COUPS. — *Les* QU'EN DIRA-T-ON *inquiètent peu le sage*.

On écrira donc, en consultant le sens : des *blanc-seings* (des seings sur papier blanc.)

Des *sous-pied* (bandes de cuir ou d'étoffe qui passent sous le pied.)

Des *brèche-dents* (qui a une brèche dans les dents.)

Des *coq-à-l'âne* (discours sans suite où l'on passe du coq à l'âne.)

Des *chars-à-bancs* (chars qui ont plusieurs bancs.)

Des *timbres-poste* (timbres de la poste.)

Un ou des *pied-à-terre* (lieu où met le pied à terre.)

Un ou des *contre-poison* (remèdes contre le poison.)

---

(1) Il y a des noms qui n'ont pas de singulier, tels sont : annales, archives, arrhes, broussailles, calendes, catacombes, dépenses, entrailles, fiançailles, funérailles, hardes, immondices, mœurs, mouchettes, fileurs, ténèbres, matines, vêpres, etc.
D'autres ne s'emploient pas au pluriel, tels sont : bonheur, activité, zèle, prudence, sang, enfance, douceur, avarice, etc.

Un ou *des tire-bottes* (pour tirer les bottes.)
Un ou des *abat-jour* (ce qui abat le jour.) etc.

139. *Remarque.* Les noms compléments d'une des prépositions *à de, par, en* etc, se mettent au singulier ou au pluriel, selon que le sens éveille une idée d'unité ou de pluralité. Ex : on dira,

AU SINGULIER.	AU PLURIEL.
Un sac de *blé*.	Un sac de *haricots*.
Un pot de *beurre*.	Un pot de *fleurs*.
Une feuillette de *vin*.	Un panier d'*œufs*.
Il a beaucoup de *fermeté*.	Il a beaucoup de *moyens*.
Il y a là peu de *monde*.	Il y a là peu de *négociants*.
Un fruit à *noyau*.	Un fruit à *pépins*.
Dormir *au pied* d'un arbre.	Tomber *aux pieds* du roi.
Il est accablé de *fatigue*.	Il est accablé *d'années*.
Il est sans *pain*.	Il est sans *souliers*.

De l'Article.

140. On emploie *de, du, des*, devant les noms pris dans un sens partitif. Ex. — Voilà DU *pain* et DES *confitures*, c'est-à-dire une partie de pain et de confitures.

On met *de* et non *du, des*, devant un nom précédé d'un adjectif: Ex.— *Je donne* DE *bons conseils. Voici* D'*excellentes prunes.*

Toutefois si l'adjectif et le nom sont liés par le sens de manière à former une sorte de nom composé, on fait usage des articles *du, des* Ex.—*Nous avons mangé* DES *petits pois.*

Il en est de même quand le nom est déterminé par d'autres mots qui suivent. Ex. — *Ne lui faites pas* DES *reproches injustes.* — *J'ai vu une partie* DES *objets que vous avez achetés.*

Enfin, on emploie généralement l'article après un nom précédé de *le, la, les*, et DE, après un nom précédé de *un, une*. Ex. —

Le régiment DES *braves*.	*Un régiment* DE *braves*.
La masse DES *enfants*.	*Une masse* D'*enfants*.
Le tiers de L'*année*.	*Un tiers* D'*année*.

De l'Adjectif.

141. Il y a des adjectifs qui changent de signification selon qu'ils sont placés avant ou après les noms qu'ils qualifient. Ainsi : *un* GRAND *homme* est un homme d'un génie supérieur ; *un homme* GRAND est un homme d'une taille élevée ; *un* HONNÊTE *homme* a de la probité ; *un homme* HONNÊTE est poli ; *un* PAUVRE *homme* a peu de capacité; *un homme* PAUVRE n'a pas de fortune.

142. L'adjectif placé après plusieurs substantifs s'accorde avec le dernier seulement :

1° Lorsqu'ils sont synonymes : Ex. — *Cet enfant est d'une candeur, d'une innocence* PARFAITE.

2° Lorsqu'ils sont unis par OU : Ex. — *Cet homme a montré une vertu ou un génie* ÉTONNANT.

3° Lorsqu'ils sont placés par gradation : Ex. — *Ses paroles, ses gestes, son silence même était* ÉLOQUENT.

142. L'adjectif reçoit la loi du substantif, mais ne la lui fait pas. Ex.: *Le* DIXIÈME *et le* ONZIÈME SIÈCLE. *Le* PREMIER *et le* SECOND VOLUME.

143. Nu, demi, feu. — *Nu* et *demi*, précédant les noms avec lesquels ils sont joints par un trait d'union, restent invariables. NU-*bras*, NU-*tête* ; *une* DEMI-*heure*. Mais on dit : *les bras* NUS, *la tête* NUE ; *deux heures et* DEMIE : (*demi* placé après le nom, en prend le genre et reste au singulier).

144. Feu. — L'adjectif *feu* (défunt) ne s'accorde avec le nom qui suit que lorsqu'il le précède immédiatement. Ex. — *Votre* FEUE *mère,* FEU *votre mère.*

145. Les adjectifs employés adverbialement restent invariables. Ex. — *Ces effets coûtent* CHER ; *ces fleurs sentent* BON.

146. Deux adjectifs modifiés l'un par l'autre restent ordinairement invariables. Ex. —*Des cheveux* CHATAIN-CLAIR. *Des couleurs* BLEU CÉLESTE. *Des rubans* VERT-FONCÉ. c'est-à-dire d'un châtain *clair*, d'un bleu *céleste*, d'un vert *foncé*.

Ci-inclus, ci-joint, ci-annexé, placés devant un nom employé sans déterminatif, restent invariable. Ex. — *Vous trouverez* CI-JOINT, CI-INCLUS *copie du titre*. Mais on dirait : *vous trouver cz* CI-INCLUSE, CI-JOINTE LA *copie* (1).

147. Vingt et cent prennent un *s* quand ils expriment plusieurs *vingtaines*, plusieurs *centaines*. Ex. — *Quatre*-VINGTS *ans. Deux* CENTS *hommes.* (2).

Mais ils restent invariables : 1° S'ils sont suivis d'un autre nombre : Ex. — *Quatre*-VINGT-*dix ans. Deux* CENT *trente hommes.*

---

(1) AVOIR L'AIR. — Si l'adjectif qui suit *air* se rapporte à ce nom dans le sens de physionomie, d'extérieur, il reste au masculin. Ex. — *Cette femme a l'air* HAUT *et* MÉCHANT. — Mais si l'adjectif se rapporte à la personne même plutôt qu'à la physionomie, il s'accorde avec cette personne. Ex.— *Cet femme a l'air* FACHÉE, MÉCHANTE *et* MALHEUREUSE.

En parlant de choses, il vaut mieux dire : *L'air d'être*. Ex. — *Cette pêche à l'air d'être mûre.*

(2) On écrit donc sans *s* : *mille* VINGT *chevaux, mille* CENT *francs*, parcequ'on veut dire : *mille plus vingt, mille plus cent.*

2° S'ils sont employés pour *vingtième, centième* : Ex. — *Page quatre-*VINGT. *L'an huit* CENT.

148. *Mille s'écrit de deux manières :*

Mil au commencement d'un nombre indiquant la date des années de l'ère chrétienne : *l'an* MIL *huit cent*, Partout ailleurs il s'écrit *mille* et reste invariable : *trois* MILLE *hommes ; six* MILLE *francs* (1).

149. **Même.** — Il est adjectif ou adverbe.

1° Il est adjectif et variable lorsqu'il précède le nom, ou qu'il est placé après un pronom ou un seul nom. — Ex : *Les* MÊMES *personnes. Eux-*MÊMES. *Les monarques* MÊMES.

2° Il est adverbe lorsqu'il signifie *aussi, encore,* ou qu'il est placé après plusieurs noms. — Ex : *Faisons du bien* MÊME *à nos ennemis. —Les libertins, les impies* MÊME, *tremblent à l'aspect de la mort.*

150. **Quelque.** — Il s'écrit de trois manières.

1° Suivi d'un nom, il s'écrit en un un seul mot et s'accorde. — Ex : QUELQUES *talents qu'on ait, il faut être modeste.*

2° Suivi d'un verbe, il s'écrit en deux mots (quel que) ; alors *quel* s'accorde. — Ex : QUELLES QUE *soient vos richesses,* QUELS QUE *soient vos talents, il faut être modeste.*

3° Suivi d'un adjectif, d'un participe, d'un adverbe, *quelque* est adverbe. — Ex : QUELQUE *puissants que vous soyez* (2).

151. **Tout.** — Il est adjectif ou adverbe.

Tout, adjectif, signifie *chaque* ou *en totalité* et s'accorde. TOUTE *personne,* TOUS *les êtres, nous* TOUS, *vous* TOUTES.

Tout, adverbe, signifie *entièrement, tout-à-fait. Cette personne est* TOUT *aimable,* TOUT *obligeante.*

Quoique adverbe, il varie cependant quand l'adjectif suivant commence par une consonne ou une *h* aspirée. — Ex : *Cette personne est* TOUTE *prudente et* TOUTE *sage.*

152. AUCUN, NUL. — *Aucun* et *nul* ne s'emploient au pluriel qu'avec les noms qui n'ont pas de singulier ou qui au pluriel ont une signifition particulière. AUCUNES *funérailles.* NULLES *annales.*

153. CHAQUE. — *Chaque* doit toujours être suivi d'un nom et ne peut s'employer pour *chacun*. Ne dites donc pas : *ces livres coûte*

---

(1) Les mots *vingt, cent, mille,* peuvent être quelquefois noms et conséquemment variables. *A cinq* MILLES *de la ville* (mesures de chemin). *Deux* CENTS *de fagots.*
(2) Notez bien qu'on écrit : QUELQUES *grandes richesses que vous ayez*, parce que l'adjectif est suivi d'un nom.

2 *francs* CHAQUE, mais dites 2 francs *chacun;* ou bien : CHAQUE livre coûte 2 francs.

154. ADJECTIFS POSSESSIFS. — On doit éviter d'employer l'adjectif *possessif* quand le sens indique clairement l'objet possesseur. On ne dira donc pas : *J'ai mal à* MA TÊTE. *Cet homme a perdu* SA *vue. Je suivrai vos conseils que vous m'avez donnés.* — On dira : *J'ai mal à la tête. Il a perdu la vie. Je suivrai les conseils que vous m'avez donnés.*

Cependant cela est permis pour désigner une chose habituelle : ainsi on peut dire : SA *fièvre et* SA *migraine l'ont repris.*

155. Les adjectifs possessifs *son, sa, ses, leur, leurs* ne s'emploient lorsqu'il s'agit de choses, que quand l'objet possesseur est sujet dans la même proposition. Ex. : *Si cet homme était religieux,* SA *confiance et* SON *espoir seraient en Dieu seul.* — Ici le sujet est une personne.

Mais on ne dira pas : *Si la mollesse est douce,* SA *suite est cruelle*; on dira : *la suite en est cruelle*, parce que le sujet est le nom d'une chose.

156. L'adjectif possessif *leur* se met au pluriel s'il se rapporte à plusieurs objets considérés collectivement. On dira en parlant de deux enfants qui ne sont pas frères : *ils ont perdu* LEURS *pères,* et s'ils sont frères : *ils ont perdu* LEUR *père.*

Ces enfants sont retournés à LEURS *pensions* ou *à* LEUR *pension,* selon qu'il s'agit de différentes pensions ou de la même pension.

157 Les adjectifs déterminatifs se répètent, lorsqu'ils accompagnent des noms différents ou des adjectifs qui se rapportent à des objets distincts. — Ex: *Chacun à* SES *bons et* SES *mauvais jours.*

Dire : *Ses bons et mauvais jours,* serait une faute;

Cependant on dira bien : *Vos bons et utiles services,* parce qu'il s'agit des mêmes conseils qui sont à la fois bons et utiles.

Du Pronom.

158. *Nous* et *vous* mis pour *je* et *tu*, veulent les adjectifs correspondants au singulier. — Ex: *Soyez* VICTORIEUSE *ma fille, et vous serez* COURONNÉE.

159. Le pronom personnel *leur* ne prend jamais d's. — *Je* LEUR *parle.* — *Je les* LEUR *donne.*

160. Le pronom relatif prend la personne de son antécédent; on dira donc : *Moi* QUI SUIS *puni, toi* QUI ES *puni, lui* QUI EST *puni, nous qui* SOMMES *punis.* (1)

161. *Remarque.* — On fait souvent des fautes de langage dans l'emploi des pronoms relatifs ; ainsi,

On ne doit pas dire:	Dites :
C'est à la ville où je vais.	C'est à la ville que je vais.
C'est de vous dont je parle.	C'est de vous que je parle.
Donnez-lui ce qu'il a besoin.	Donnez-lui ce dont il a besoin.
C'est en Dieu en qui je me confie.	C'est en Dieu que je me confie.

(1) Généralement quand l'antécédent est précédé de l'article ou d'un adjectif déterminatif, le verbe se met à la 3e personne. *Je suis la personne* QUI A *parlé* et non QUI AI *parlé.*

162. — On n'emploie le pronom *soi* qu'avec un sujet vague et indéterminé. *On ne doit pas parler de* SOI.

163. Le pronom *le* n'est variable que quand il se rapporte à un nom. On dira donc : *Madame, êtes-vous l'institutrice de cette commune? Oui, je* LA *suis.* — *Madame, êtes-vous institutrice? Oui, je* LE *suis.*

164. Le pronom *on* devient féminin ou pluriel, quand il tient évidemment la place d'un nom féminin ou pluriel. — Ex : *On est* ÉGAUX *à la mort* — *Ma fille, quand on est* VERTUEUSE, *on est toujours* ESTIMÉE.

165. De *on* et *l'on*, mettez celui qui donne la consonnance la plus agréable. Il serait ridicule, par exemple, de dire : *L'on la lira,* au lieu de *On la lira.*

166. Un nom ne peut être remplacé par un pronom qu'autant que ce nom est pris dans un sens déterminé, c'est-à-dire précédé de l'article ou d'un adjectif déterminatif. Ainsi on ne dira pas : *Quand nous mîmes en* MER, ELLE *était calme.* Il faut prendre un autre tour et dire, par exemple : *Quand nous embarquâmes, la* MER *était calme.*

167. Les pronoms, comme tout autre mot, doivent être disposés de manière à ne laisser aucune équivoque. Il serait fautif de dire : *Racine est supérieur à Euripide dans tout ce qu'il a fait de mieux,* parce qu'on ne sait pas si c'est à Racine ou à Euripide que se rapporte le pronom *il* On doit dire : *Racine est supérieur à Euripide dans tout ce que ce dernier (ou celui-ci) a fait de mieux.*

168. Le pronom relatif doit toujours être rapproché, autant que possible de son antécédent, pour éviter l'équivoque. On ne dira pas : *Je vous envoie un* LIÈVRE *par mon domestique,* QUE *je viens de tuer* ; la phrase serait absurde. On dira ; *Je vous envoie, par mon domestique, un* LIÈVRE QUE *je viens de tuer.*

169. *Chacun* demande à être suivi tantôt de *son, sa, ses,* tantôt de *leur, leurs.*

Il est suivi de *son, sa, ses,* lorsqu'il n'y a pas de pluriel énoncé, ou lorsque *chacun* se trouve après le régime direct. — Ex : *Ils ont apporté des offrandes* CHACUN *selon* SES *moyens.*

Chacun veut *leur, leurs,* lorsqu'il précède le régime direct ou lorsque le verbe n'en a point. — Ex : *Ils ont fourni* CHACUN LEUR *quote-part.*

170. *A lui, à elle, à qui* ne se disent que des personnes et non des choses : Ne dites donc pas : *Mon devoir est bien fait, je ne* LUI *trouve point de fautes.* — *La fortune est bien infidèle, insensé qui se fie à* ELLE. — *Les sciences* A QUI *je m'applique,* — Dites : *Je n'y trouve point de fautes; insensé qui s'y fie; les sciences auxquelles je m'applique*

171. Avec les verbes *sortir, descendre,* et leurs équivalents, on emploie DONT pour exprimer l'idée *d'être issu, d'être né,* et D'OÙ pour exprimer la simple action de sortir. — Ex. *La famille* DONT *je sors.* — *La maison* D'OÙ *je sors.*

Du Verbe.

Du Sujet. — 172. Tout verbe à un mode personnel doit avoir un sujet, et réciproquement (1.)

173. Le verbe s'accorde en nombre et en personne avec son sujet. S'il a plusieurs sujets singuliers, il se met au pluriel, et si les sujets sont de différentes personnes, il s'accorde avec celle qui a la priorité.

174 *Remarques.* — 1°. Quand les sujets d'un verbe sont synonymes, le verbe ne s'accorde qu'avec le dernier. — Ex : *Sa candeur, son ingénuité me* CHARME.

2°. Lorsque les sujets sont unis par *ou*, le verbe se met au singulier ou au pluriel, selon que l'esprit considère les sujets à la fois ou l'un d'eux séparément. — Ex : *L'ignorance ou la misère* FONT *commettre bien des fautes.*
La vanité ou la bravoure ENFANTENT *parfois des traits sublimes.*
Mon frère ou ma sœur VIENDRA.

(Le singulier est le cas le plus ordinaire.)

3°. Quand les sujets sont placés par gradation ou que le dernier résume les autres, le verbe s'accorde avec le dernier seulement. — Ex : *Le moindre choc, un souffle, un rien* EST *capable de nous tuer.*
Le temps, les biens, la vie, tout EST *à la patrie.*

4°. Lorsque les sujets sont unis par l'une des conjonctions, *comme, de même que, ainsi que*, etc., le verbe ne s'accorde qu'avec le dernier. — Ex : *L'animal, de même que l'homme,* A *horreur de la mort.*
L'enfer, comme le Ciel, PROUVE *un Dieu juste et bon.*

5°. Quand un verbe a pour sujets deux noms joints par *ni*, il se met au pluriel si les deux sujets peuvent faire l'action qu'il exprime, et reste au singulier si son action ne convient qu'à l'un des sujets. — Ex : *Ni l'or ni la grandeur ne nous* RENDENT *heureux.*
*Ni l'un ni l'autre n'*OBTIENDRA *cette place.*

6°. *Sujets collectifs.* — On appelle noms collectifs ceux qui, quoique au singulier, éveillent l'idée de pluralité, comme *troupe, peuple, multitude*, etc. Ils sont nommés collectifs *généraux* ou *partitifs,* selon qu'ils expriment une collection *générale* ou *partielle.*

Le verbe qui a pour sujet un collectif s'accorde presque toujours avec ce collectif s'il est général, et avec le nom suivant s'il est partitif. — Ex :

(1er cas). — *Le nombre des étoiles* EST *incalculable.*
La foule des spectateurs FUT *étonnée.*

(2e cas). — *Une infinité d'étoiles nous* SONT *invisibles.*
Un grand nombre de personnes MEURENT *par leur faute.*
Peu de gens SONT *contents de leur sort.*
Beaucoup VEULENT *recevoir la récompense ; mais peu s'*EFFORCENT *de la mériter.*

---

(1) Cependant on sous-entend quelquefois le verbe ou le sujet.

7p. Les verbes *être, devoir, pouvoir*, précédés de *ce*, se mettent au pluriel lorsqu'ils sont suivis d'une 5e personne plurielle. — Ex : CE DOIVENT être vos ancêtres qui ont planté ces arbres.

C'EST vous qui dites cela.

Du Complément.

175. Quand un verbe a deux compléments de nature différente, le plus court se place le premier ; s'ils sont d'égale longueur, le complément indirect s'énonce le dernier. — Ex : *Je fais l'*AUMONE *aux pauvres.*

176. Il faut donner à chaque verbe le complément qui lui convient ; ainsi on ne dira pas : *j'ai été et je suis revenu de la ville* ; mais *j'ai été à la ville et j'en suis revenu* (1).

177. Cette règle s'applique également aux adjectifs. Ainsi ne dites pas : *cet homme est* UTILE *et* CHÉRI *de sa famille* : Mais dites : *Cet homme est utile à sa famille et en est chéri*, attendu que l'on dit *utile à* et *chéri de*.

178. *Remarque.* — Lorsqu'un verbe a un complément composé de plusieurs mots unis par *et, ou, ni*, ces mots doivent généralement être de même espèce, c'est-à-dire tous des noms, ou tous des verbes. Ainsi dites : *Cet enfant aime le* JEU *et* L'ÉTUDE, et non pas : *Cet enfant aime le* JEU *et à* ÉTUDIER (2).

179. *Des temps de l'indicatif.* — Le *présent* marque qu'une chose se fait au moment où l'on parle : — *La vérité* EST *le premier hommage qu'*ON DOIT *aux rois*.

L'*imparfait* marque qu'une chose se faisait en même temps qu'une autre dans un temps passé : — *Pendant que votre frère* JOUAIT, *je me* LIVRAIS *à l'étude*.

Le *passé défini* marque qu'une chose a été faite dans un temps déterminé et entièrement écoulé : — *Je* VOYAGEAI *l'année dernière*. — *J'*ÉCRIVIS *hier*.

Il faut bien se garder de l'employer indifféremment pour le *passé indéfini*.

Le *passé indéfini* marque qu'une chose a été faite dans un temps entièrement écoulé ou non : *j'*AI LU *hier et aujourd'hui toute la matinée*.

Le *passé antérieur* marque qu'une chose a été faite avant une autre : *Dès que nous l'*EÛMES VU, *nous l'appelâmes*.

---

(1) *Il a été à la ville* indique en même temps qu'on est revenu. *Il est allé à la ville* indique qu'on y est encore.
(2) Lorsqu'un verbe à l'impératif a deux pronoms pour compléments, l'un direct, l'autre indirect, le pronom complément direct s'énonce le premier : — Montrez-LE-moi. Donnez-LA-nous. Cependant on est correct en disant : *Donnez-m'en, placez-m'y*. On dit même aussi : *Donnez-nous en, placez-y moi*, mais jamais *donnez-moi z'en*, etc.

Le *plus-que-parfait* marque qu'une chose était déjà passée quand on en a fait une autre : *Vous* AVIEZ DINÉ, *quand je suis entré*.

Le *futur simple* marque qu'une chose se fera dans un temps où l'on n'est pas encore : *J'*IRAI *demain en voyage*.

Le *futur antérieur* marque qu'une chose sera faite quand on en fera une autre : *Quand vous* AUREZ LU *ce livre, vous me le prêterez*.

180. *Remarque*. — On emploie le *présent* de l'ind.catif au lieu de l'*imparfait* pour exprimer une action qui a lieu dans tous les temps. On dira donc : *Je vous ai dit que la vertu* VAUT *mieux que les richesses*, et non VALAIT *mieux*.

181. *Temps du subjonctif*. — Le subjonctif, comme son nom l'indique, est sous la dépendance d'un verbe précédent exprimé ou sous entendu. On l'emploie, en général, lorsque le verbe dont il dépend exprime le doute, l'indécision, la supposition, le souhait, la volonté, la défense, le plaisir, la douleur, etc. Ex : —

Je veux, je souhaite, je désire que tu FASSES *cet ouvrage*.

Je suis charmé (ou je suis fâché) que les choses se SOIENT PASSÉES *ainsi*.

Il faut que chacun CONCOURE *au bien public*.

182. Généralement quand le premier verbe est au *présent* ou au *futur* on met celui qui en dépend au *présent* ou au *passé du subjonctif*, selon que l'on veut exprimer un temps présent ou passé : *Il importe, il importera que vous* SOYEZ *sage ou que vous* AYEZ ÉTÉ *sage*.

Quand le premier verbe est à l'un des passés de l'indicatif ou à l'un des conditionnels, on met celui qui en dépend à l'*imparfait* ou au *plus-que-parfait* du subjonctif, selon que l'on veut exprimer un présent ou un passé : *Il fallait, il a fallu, il faudrait il aurait fallu*, etc. *que tu* ÉTUDIASSES *ou que tu* EUSSES ÉTUDIÉ.

183. *Verbes qui changent d'auxiliaire*. — Quelques verbes intransitifs tels que *aborder, augmenter, demeurer, rester, cesser, camper, monter, descendre, périr, rajeunir, passer, sonner*, etc., prennent l'auxiliaire *avoir*, lorsqu'on a principalement en vue une *action*, et l'auxiliaire *être*, lorsque l'on veut exprimer un *état*. On dira donc :

avec *avoir*.	avec *être*.
Il A RESTÉ *deux ans à Lyon*.	*Il* EST RESTÉ *sur place*.
Il A PASSÉ *par Dijon*.	*Le froid* EST PASSÉ.
Il A SONNÉ *trois fois*.	*La messe* EST SONNÉE.

Adverbe.

184. *Plus tôt*, en deux mots, a rapport au temps : — *venez* PLUS TÔT *qu'à l'ordinaire*.

Plutôt marque la préférence : PLUTÔT *la mort que le péché*.

185. De ces trois négations *ne, ne pas* et *ne point*, *ne* est la plus faible, et *ne point* la plus forte : *Je* N'*ose, je n'ose* PAS, *je n'ose* POINT.

186. *Alentour, auparavant, davantage, dedans, dehors, dessus, dessous* sont adverbes et s'emploient sans complément. Ne dites donc pas . La terre tourne alentour du soleil. Faites vos prières auparavant de vous coucher. Le chat est dessous la table.

Mais dites : AUTOUR *du soleil* ; AVANT *de vous coucher* ; SOUS *la table*.

187. *Davantage* ne doit pas s'employer pour *le plus*, ni être suivi de *que* ou *de*.

Il ne faut pas confondre l'adjectif *pire* avec l'adverbe *pis*. Pire veut dire plus mauvais, *et pis*, plus mal : — *La* PIRE *espèce de méchants est celle des hypocrites*. — *Ce malade va de mal en* PIS.

Préposition.

188. *Près de* signifie *sur le point de*, et *prêt à* veut dire *disposé à*. — *Un homme* PRÈS DE *mourir n'est pas toujours* PRÊT A *mourir*.

189. On emploie *à* entre deux nombres de choses qui peuvent se diviser, et *ou* dans le cas contraire. Ex : *cinq* A *six kilomètres ; deux* OU *trois hommes*.

190. *Vis-à-vis, en face, proche, hors* doivent toujours être suivis de la préposition *de*. *Il demeure* PROCHE *de l'église*, EN FACE *de la porte*.

191. *Au travers* veut la préposition *de*, et *à travers* la rejette :— AU TRAVERS *des champs* ; A TRAVERS *les champs*.

192. *Voici* annonce ce que l'on va dire ; *voilà* rappelle ce que l'on vient de dire. — VOICI *trois bons médecins : la gaieté, la sobriété, et l'exercice*. —*Naître, souffrir, mourir* : VOILA *notre destinée*. *Voici* désigne encore l'objet le plus proche, et *voilà*, le plus éloigné.

Conjonction.

193. Il ne faut pas confondre *quand*, adverbe ou conjonction, qui signifie *lorsque* ou *quoique*, avec *quant à* préposition, qui signifie *à l'égard de*. Ex. — QUAND *quelque chose excite votre colère, pour la calmer, récitez plusieurs fois de suite l'alphabet.* — QUANT A *la mort, il faut y penser.*

194. *Parce que*, en deux mots, signifie *attendu que* : *Aimez vos ennemis* PARCE QUE *Dieu le veut.*

Par ce que, en trois mots, a le sens de *par la chose ou les choses que.* — *Je connais cet homme* PAR CE QU'ON *m'en a dit.*

195. *Quoique*, en un mot, veut dire *bien que* : *Il est charitable* QUOIQU'*il soit pauvre.*

Quoi que, en deux mots, signifie *quelque chose que.* — *Je veux remplir mes devoirs* QUOI QU'ON *en dise.*

Ponctuation.

196. La ponctuation sert à marquer les pauses qu'on doit faire en lisant.

197. La *virgule* indique la moindre pause ; on l'emploie pour séparer 1° Les sujets d'un même verbe : Ex. — *La peste, la guerre, la famine sont des fléaux terribles.*

2° Les compléments de même nature, les attributs d'un même sujet. Ex. — *La France a des mines de fer, de plomb, de houille, des carrières de marbre, de porphyre.* — *La charité est douce, patiente, bienfaisante.*

3° Les verbes qui se rapportent au même sujet. Ex. — *C'est l'âme qui perçoit les idées, pense, examine, décide.*

4° Les mots placés en apostrophe, la plupart des propositions explicatives. Ex. — *Prenez aujourd'hui, mon cher enfant, la résolution d'être toujours à Dieu.* — *Il est plus avantageux, dit l'Imitation, d'obéir que de commander.*

178. Le *point et virgule* marque une plus forte pause ; on l'emploie entre les phrases dépendant les unes des autres : Ex. —*Il ne faut jamais se moquer des misérables ; car qui peut s'assurer d'être toujours heureux.*

199. Le *point* se met à la fin des phrases dont le sens est entièrement achevé.

200. Les **deux points** se mettent à la fin d'une phrase suivie d'une autre qui l'explique :

> Il faut, autant qu'on peut, obliger tout le monde :
> On a souvent besoin d'un plus petit que soi.

201. Le point *interrogatif* se place à la fin d'une phrase qui exprime une interrogation : — *Quoi de plus beau que la vertu ?*

202. Le point *exclamatif* se met après la phrase qui exprime quelque émotion : — *Que le Seigneur est bon ! Que son joug est aimable !*

Nota. L'analyse logique étant indispensable pour apprendre fructueusement la ponctuation, et commencer l'étude de la composition, nous ne terminerons pas sans en donner un petit traité.

NOTIONS D'ANALYSE LOGIQUE.

—

L'*Analyse logique* consiste dans la décomposition du discours en ses différentes parties appelées *propositions*, dans le compte rendu de la nature et de la fonction de chacune de ces propositions, et dans l'examen de chacune des parties de la proposition.

1. On appelle *proposition* l'énonciation d'un jugement.
2. Il y a dans une phrase autant de propositions qu'il y a de verbes à un mode personnel.

On commence à jouer par amusement, on continue par intérêt et on finit par passion,

Cette phrase renferme trois propositions marquées par les verbes *commence, continue et finit.*

3. Considérée grammaticalement, la proposition a autant de parties qu'elle a de mots ; considérée logiquement elle n'en a que trois : le *sujet*, le *verbe* et l'*attribut*.
4. Le *sujet* est l'objet du jugement ; c'est l'idée principale.
5. L'*attribut* est la manière d'être du sujet : c'est l'idée accessoire.
6. Le *verbe* lie l'attribut au sujet : il affirme que la qualité exprimée par l'attribut convient ou ne convient pas au sujet.

Dans cette proposition, *Dieu est bon*, *Dieu* exprime l'objet du jugement, c'est le sujet ; *bon*, la qualité que je lui attribue, voilà l'attribut; *est*, la liaison de l'un avec l'autre, voilà le verbe.

7. Tous les mots, qui se rapportent au sujet et à l'attribut comme *compléments* ou *modificatifs*, font partie de ce sujet ou de cet attribut.

Dans cette phrase : *L'enfant ingrat est un être méprisable*, le sujet logique est *l'enfant ingrat*, et l'attribut, *un être méprisable*.

8. Le sujet peut être représenté par un nom, un pronom, un infinitif, ou par toute expression employée substantivement.
9. Le verbe est toujours ÊTRE, soit qu'il se présente sous sa forme simple, comme je SUIS, tu AS ÉTÉ, soit combiné avec un participe présent, comme dans *je marche, tu as écrit*, mis pour *je suis marchant, tu as été écrivant*.
10. L'attribut est exprimé par un adjectif, un participe, ou toute expression employée comme un qualificatif.
11. Le sujet est *simple* lorsqu'il n'exprime qu'un seul être ou des êtres de la même espèce pris collectivement, et *composé* s'il exprime des êtres ou des objets différents.
12. L'attribut est *simple* quand il n'exprime qu'une manière d'être du sujet, et *composé* lorsqu'il en offre plusieurs.
13. Le sujet et l'attribut sont encore *complexes* ou *incomplexes* selon qu'ils ont ou qu'ils n'ont pas de compléments ou modificatifs.

Exemples : — *Les arts sont utiles.*
L'histoire et la géographie sont instructives et amusantes.
Les arts libéraux sont utiles dans beaucoup de professions.
Dans le 1er exemple, le sujet et l'attribut sont *simples* et *incomplexes.*
Dans le 2e exemple, le sujet et l'attribut sont *composés* et *incomplexes.*
Dans le 3e exemple, le sujet et l'attribut sont *simples* et *complexes.*
14. On distingue deux sortes de propositions, l'une, *principale* dont dépendent les autres, et l'autre *incidente*, qui complète, qui développe la proposition principale. Cette dernière est dite *absolue* ou *relative*, suivant le rang qu'elle occupe. L'incidente est encore appelée *déterminative* ou *explicative* selon qu'elle exprime quelque circonstance indispensable, ou qu'elle ajoute seulement quelques développements auxquels le sens pourrait à la rigueur suppléer.
Exemple : — *J'accourus et je vis un spectacle effrayant. Celui qui pratique la vertu est un homme qui mérite notre estime.*
Le temps, qui change tout, change aussi nos idées.
Dans le 1er exemple, il y a deux propositions. Toutes deux sont principales. La première est *absolue*, la seconde est *relative.*
Dans le 2e exemple, il y a trois propositions, *celui est un homme*, proposition principale ; *qui pratique la vertu*, proposition incidente déterminative qui complète le sujet *celui* ; — *qui mérite notre estime*, autre proposition incidente déterminative qui complète l'attribut *homme.*
Dans le 3e exemple, il y a deux propositions : *le temps change aussi nos idées*, proposition principale ; — *qui change tout*, proposition incidente explicative.
Remarque. — Les pronoms relatifs et les conjonctions annoncent toujours une proposition incidente ; excepté toutefois les conjonctions *et*, *ou*, *ni*, *mais* qui n'annoncent une incidente qu'autant qu'elles sont suivies d'une autre conjonction ou d'un pronom relatif.
15. La proposition est dite *explicite*, quand tous les termes dont elle se compose y sont énoncés ; —*implicite*, quand au contraire ils sont tous sous-entendus, comme *non* pour *je ne veux pas*, — *elliptique* lorsque quelques-unes seulement de ses parties constitutives sont sous-entendues, comme *soyons vertueux*, pour nous *soyons vertueux; elle est charitable comme sa mère*, c'est-à-dire comme sa mère ÉTAIT *charitable;* — enfin *explétive* ou *redondante*, lorsqu'elle renferme des mots inutiles, comme dans : MOI *je suis content.*

I. — *Les hommes sont faibles.*

Cette phrase ne renferme qu'une seule proposition : elle est principale absolue, *principale*, parce qu'elle exprime l'objet principal de ma pensée. *absolue*, parce qu'elle a par elle-même un sens complet et indépendant, — Le sujet est *hommes* ; *simple*, parce qu'il n'exprime que des êtres de la même nature, et *incomplexe*, parce qu'il n'a point de complément. Le verbe est *sont*. L'attribut est *faibles*, *simple*, parce qu'il n'exprime qu'une manière d'être du sujet, et *incomplexe* n'ayant aucun complément.

II. — *Une bonne mort est la récompense ordinaire d'une vie bien remplie.*

Cette phrase ne renferme qu'une seule proposition : c'est une principale absolue. Le sujet est *une bonne mort*; simple, ne représentant qu'une seule chose et complexe à cause du complément ou modificatif *bonne*. Le verbe est *est*. L'attribut est : *la récompense ordinaire d'une vie bien remplie* ; simple, n'exprimant qu'une manière d'être du sujet, et complexe, à cause du complément : *ordinaire d'une vie bien remplie*.

III. — *Il était domestique de Paul, qu'il servait dans une maison de campagne qui était située à huit kilomètres de la ville.*

Cette phrase renferme trois propositions : une principale et deux incidentes.
Il était domestique de Paul, proposition principale absolue. Le sujet est *il*, simple et incomplexe, attendu qu'il n'exprime qu'un seul être et qu'il n'a aucun complément. Le verbe est *était*. L'attribut est *domestique de Paul*, simple n'exprimant qu'une manière d'être du sujet, et complexe à cause du complément *de Paul*. — *Qu'il servait dans une maison de campagne*, proposition incidente *explicative* : incidente parce qu'elle tombe sur une autre proposition pour la compléter ; *explicative*, parce qu'elle donne un explication dont on pourrait à la rigueur se passer et que l'esprit avait déjà devinée. Le verbe est *était*. L'attribut est *servant lui dans une maison de campagne*, simple n'exprimant qu'une manière d'être du sujet et complexe à cause des compléments *que* (ou Paul) et *dans une maison de campagne*. — *Qui était située à huit kilomètres de la ville*, proposition incidente déterminative ; incidente parce qu'elle tombe sur une autre proposition pour la compléter, et *déterminative* parce qu'elle est indispensable au sens. Le sujet est *qui*, simple et incomplexe. Le verbe est *était*. L'attribut est *située à huit kilomètres de la ville*, simple, n'exprimant qu'une manière d'être du ujet et complexe à cause du complément *à huit kilomètres de la ville*.

IV. — *Qui s'est introduit dans ce lieu?*

Cette phrase renferme deux propositions :
La première est tout entière, sous-entendue, c'est : *je suis demandant* proposition principale absolue, elle est *implicite*, parce qu'aucune de ses parties n'est exprimée.
La deuxième est : *qui s'est introduit* (qui a été s'introduisant) *dans ce lieu*, proposition incidente déterminative. (Développer comme les exemples précédents).

PETIT DICTIONNAIRE DES VERBES IRRÉGULIERS OU DÉFECTIFS.

205. On appelle *verbes irréguliers* ceux qui ne se conjuguent pas selon le modèle de leur conjugaison, et *défectifs* ceux dont l'usage n'admet pas certains temps ou certaines personnes.

ABSOUDRE, absolvant, absous, te, j'absous, nous absolvons, j'absolvais j'absoudrai, drais, absous, absolvons, que j'absolve. — *Point de passé défini, ni d'imparfait du Subjonctif.*

ABSTENIR (s'), comme *tenir*.

ABSTRAIRE, comme *traire*.

ACQUÉRIR, acquérant, acquis, j'acquiers, nous acquérons, vous acquérez, ils acquièrent, j'acquérais, j'acquis, j'acquerrai, rais, acquiers, que j'acquière, que j'acquisse

ALLER, allant, allé, je vais, tu vas, il va, nous allons, vous allez, ils vont, j'allais, ai, j'irai, j'irais, va, allons, allez, que j'aille, que nous allions, qu'ils aillent, que j'allasse.

APPARAITRE, prend l'auxiliaire *être* ou *avoir* et se conjugue comme *paraître*.

APPARTENIR, comme *tenir*.

ASSAILLIR, assaillant, assailli, j'assaille, j'assaillais, j'assaillis, j'assaillirai, rais, assaille, que j'assaille, que j'assaillisse.

ASSEOIR, asseyant, assis, j'assieds ou j'assois, nous asseyons, j'asseyais, j'assis, j'asseyerai, rais, ou j'assiérai, rais, assieds, que j'asseye, que j'assisse.

BOIRE, buvant, bu, je bois, nous buvons, ils boivent, je buvais, je bus, je boirai, rais, bois, buvons, buvez, que je boive, que nous buvions, qu'ils boivent, que je busse.

BOUILLIR. Temps primitifs, Bouillant, bouilli, je bous, je bouillis. — *Régulier aux autres temps*.

BRAIRE, ne s'emploie guère qu'au présent de l'infinitif et aux troisièmes personnes du présent de l'indicatif, du futur et du conditionnel. — Il brait, ils braient, il **braira, rait**, ils brairont, raient.

BRUIRE, ne s'emploie guère qu'aux troisièmes personnes du présent et de l'imparfait de l'indicatif. Il bruit, il bruyait.

CHOIR. ne s'emploie qu'à l'infinitif et au participe passé *chu, e*.

CLORE, ne s'emploie qu'aux 3 premières personnes du présent de l'indicatif, je clos; au futur et au conditionnel, je clorai, rais, et au participe passé, clos, e.

CONFIRE, temps primitifs, confisant, confit, e, je confis.

CONQUERIR, comme *acquérir*, ne s'emploie guère qu'au passé défini et au participe passé *conquis, e*.

CONTREFAIRE, comme *faire*.

COUDRE, cousant, cousu, e, je couds, je cousis.

CROITRE, temps prim., croissant, crû e, je croîs, je crûs.

DECHOIR, déchéant, déchu, e, e déchois, je déchus, je déchoyais, je décherrai, rais, que je déchoie, que nous déchoyions.

DIRE, temps primitifs, Disant, dit, e, je dis. — Au présent de l'indicatif, *vous* DITES. *Redire* fait aussi vous REDITES. Les autres composés tels que *médire, prédire* etc. etc., font *médisez, prédisez*, etc.

DISSOUDRE, comme *absoudre*

DISTRAIRE, comme *traire*.

ECHOIR, échéant, échu, e, il échoit, j'échus — J'écherrai, rais, que j'échusse. Se conjugue avec l'auxiliaire *être*.

ECLORE, il éclot, ils éclosent, il éclora, rait, ils écloront, raient, qu'il éclose, ent., éclos. N'est guère usité qu'aux 3es personnes des temps précédents et aux temps composés. Prend l'auxiliaire *être*.

ENVOYER, temps primitifs, envoyant, envoyé, j'envoie, j'envoyai, j'enverrai, rais.

FAILLIR, faillant, failli, je faux, nous faillons, je faillais, je faillis, que je faille.

FAIRE, faisant, fait, e, je fais, je fis. — Temps irréguliers je fais, nous faisons, vous faites, ils font je ferai, rais, que je fasse. — Les composés de *faire* se conjuguent de même.

FALLOIR, verbe impersonnel, point de participe présent. — Fallu, il faut, il faudra, drait, qu'il faille.

FLEURIR, fleurissant ou florissant, fleuri, e, je fleuris, je fleuris. — On emploie *florissant* et *florissait* lorsqu'il s'agit de la prospérité d'une personne, d'un empire, des lettres des sciences et des arts.

FRIRE, outre l'infinitif il n'est usité qu'aux temps suivants : Frit, e, je fris, je frirai, rais, fris, et aux temps composés

GÉSIR, ne s'emploie qu'aux temps suivants : Gisant, il git, nous gisons, vous gisez, ils gisent, je gisais, etc.

JOINDRE, verbe régulier, joignant joint, e, je joins, je joignis.

LUIRE, luisant, lui, je luis. — *Point de passé défini ni d'imparfait du subjonctif.*

METTRE, verbe régulier, mettant mis, e, je mets, je mis.

MOUDRE, moulant, moulu, e, je mouds, je moulus.

MOURIR, mourant, mort, e, je meurs, je mourus. — Temps irréguliers, je meurs, nous mourons, ils meurent, je mourrai, rais, que je meure.

MOUVOIR, verbe régulier, mouvant, mu, e, je meus, je mus.

NAITRE, verbe régulier, naissant né, e, je nais, je naquis. Il prend l'auxiliaire *être*.

OCCIRE, usité seulement à l'infinitif et au participe passé. *occis*, e.

OFFRIR, verbe régulier, offrant, offert, e, j'offre, j'offris.

OUIR, n'est guère usité qu'à l'infinitif et au participe passé : *ouï*, e.

PAITRE, paissant, je pais, je paissais, je paîtrai. Point de participe passé ni de passé indéfini.

PEINDRE, verbe régulier, peignant, peint, e, je peins, je peignis. — Se conjuguent de même tous les verbes en *eindre* et en *aindre*.

POINDRE, usité à l'infinitif, et à la 3 personne du futur. *Il poindra.*

POUVOIR, pouvant, pu, e, je peux ou je puis, je pus. — Temps irréguliers, je pourrai, rais, que je puisse.

POURVOIR, pourvoyant, pourvu, je pourvois, je pourvus. — Temps irréguliers, je pourvoirai, rais.

PRÉVALOIR, comme *valoir*, excepté au subjonctif présent que je *prévale.*

PRÉVOIR, comme *voir*, excepté au futur et au conditionnel, je prévoirai, rais.

RENAITRE, comme *naître*, n'a point de participe passé.

RÉSOUDRE, résolvant, résous et résolu, e, je résous, je résolus. — *Résolu* s'emploie dans le sens de *terminé, décidé*, il est RÉSOLU à mourir; *résous* dans le sens de *changé en* : brouillard RÉSOUS en pluie.

SATISFAIRE, comme *faire.*

SAVOIR, temps primitifs, sachant su, je sais, je sus. — Temps irréguliers, je sais, nous savons, vous savez, ils savent, je savais, je saurai, rais, sache. sachons, sachez.

SEOIR. Dans le sens de *être assis*, il ne s'emploie qu'aux participes *séant, sis*, e. Dans ce sens de *être convenable*, il s'emploie aux 3 personnes des temps suivants, il sied, ils siéent, il seyait, ils s., il siéra, rait.

SOUFFRIR, souffrant, souffert, je souffre, je souffris.

SOUSTRAIRE, comme *traire.*

SURSOIR ou SURSEOIR, sursoyant, sursis, e sursois, je sursis.

TEINDRE, comme *peindre*.
TENIR, tenant, tenu, e, je tiens, je tins. — Temps irréguliers, je tiens, nous tenons, vous tenez, ils tiennent. Je tiendrai, drais, que je tienne, que nous tenions qu'il tiennent.
TRAIRE, trayant, trait, e, je trais. — Point de passé défini ni d'imparfait du subjonctif.
VAINCRE, vainquant, vaincu, je vaincs, je vainquis. — Notez qu'on remplace c par qu devant a, e, c, o
VALOIR, valant, valu, je vaux, je valus. — Temps irréguliers, je vaudrai, rais, que je vaille, que nous valions, que vous valiez, qu'ils vaillent,
VENIR, comme *tenir*, il prend l'auxiliaire *être*.
VÊTIR, vêtant ou vêtissant, vêtu je vêts, je vêtis.
VIVRE, vivant, vécu, je vis, je vécus.
VOIR, voyant, vu, je vois, je vis. — Temps irréguliers : je verrai, rais.
VOULOIR, voulant, voulu, je veux je voulus. — Temps irréguliers, je voudrai, rais, veux, voulons, voulez, (et plus souvent *veuillez*), que je veuille, que nous voulions, que vous vouliez, qu'ils veuillent.

PETIT COURS RATIONNEL D'ORTHOGRAPHE USUELLE.

Avant-propos.

On distingue deux principaux modes d'épellation : l'*ancien* et le *nouveau*.

Tous deux conduisent à une même fin, la lecture courante. — Mais avec le premier, combien de peines, d'ennuis, d'impatiences pour le maître ! Combien plus encore de peines, d'angoisses, de sourdes maledictions chez l'enfant ! — Le nouveau à la vérité n'apprend pas à lire tout-à-fait sans peine ; mais au moyen d'une méthode rationnellement graduée, on y arrive avec dix fois moins d'ennuis pour le maître, de dégoût pour l'élève et dix fois plus promptement. Aujourd'hui c'est un fait avéré, quoi qu'en dise M. Lecomte qui prétend s'ériger en juge impartial de ces deux systèmes d'épellation ; et l'ancienne méthode, aussi *absurde* que bizarre, est définitivement jugée et reléguée à quelques membres de l'enseignement qui se trainent encore dans l'ornière de la routine.

La *nouvelle épellation*, qui a rendu un immense service à l'enseignement primaire en simplifiant considérablement l'étude si ardue de la lecture, est appelée à rendre un service plus grand encore à l'étude si aride et si longue de l'orthographe ! — Qu'on ne s'étonne pas de cette assertion : le moment approche où elle paraîtra évidente à tous.

Pendant quelque temps, — comme cela arrive toujours pour les heureuses innovations, — la *nouvelle méthode d'épellation appropriée par nous à l'étude de l'orthographe* paraîtra originale, on la critiquera ;

on hésitera ; puis l'expérience parlant plus haut que les préjugés,... on l'adoptera !

La meilleure recommandation que nous puissions donner en faveur de notre nouveau procédé, *c'est* L'EXPÉRIENCE, et c'est devant *l'expérience* que nous en appelons tous les professeurs incrédules à l'endroit des heureux résultats de cette nouvelle méthode.

On remarque aussi une lacune regrettable parmi les méthodes d'orthographe; une sorte d'introduction, destinée à guider les premiers pas des petits enfants dans l'étude de cette science, fait complétement défaut. La plupart des auteurs qui ont écrit sur ce sujet ont paru s'étudier à suivre la voie malheureuse de leurs devanciers, en voulant enseigner l'orthographe des *règles* avant celle des *mots*, ou en d'autres termes, commencer par où l'on doit finir.

Pourquoi, avons nous pensé, ne procéderait-on pas pour cette étude comme, par exemple, pour la lecture, l'écriture, en allant du simple au composé, du connu à l'inconnu, ne montrant d'abord à l'élève qu'un horizon borné qui s'élargit à mesure que son intelligence grandit ? Pourquoi le même mode d'épellation par lequel l'enfant apprit à lire, ne lui sert-il pas pour épeler ses exercices orthographiques ? Non-seulement ces procédés sont possibles, mais encore ce sont les seuls rationnels. N'est-ce pas une inconséquence des plus choquantes de vouloir enseigner les *finales* d'un mot avant d'avoir appris à écrire le *corps* de ce mot ? N'est-ce pas aussi dérouter l'élève que de le faire épeler par l'ancienne épellation, lorsqu'il a appris à lire par la nouvelle ? En effet dans l'ancienne épellation, rien dans le nom des lettres n'indique la prononciation du mot épelé, et par suite l'orthographe de ce mot. Pour épeler le mot *phrase*, cette absurde méthode fait dire : *pé-hache-erre-a-esse-e*; il est bien évident que si l'enfant n'a pas déjà ce mot tout incrusté dans son esprit, cette décomposition ne l'avancera guère.

Il est beaucoup plus simple et plus naturel d'épeler par syllabe, en indiquant un caractère distinctif pour chaque syllabe lorsqu'il y en a plusieurs du même son.

C'est sur ces principes et d'après certaines considérations, qu'il serait trop long d'énumérer, ici que nous avons édifié notre *nouvelle méthode d'orthographe* dont suit le tableau élémentaire. (Il doit être transcrit en lettres bien visibles et enseigné comme un tableau de lecture. Lorsque l'enfant connaît pertinemment ces éléments, il passe sous la direction du maître ou d'un habile moniteur aux mots qui en sont formés).

VOYELLES.

o, a, u, e, é, è, i, y

CONSONNES.

b, c, d, f, g, h, j, k, l, m, n, p, r, s, t, v, x, z (1).

---

(1) Pour h et x, on peut dire : *hache* et *icse*. — Le q a été omis à dessein, ne s'employant jamais sans *u*, il a été nommé qu *en deux lettres*. — Pour *y* et le *k*, faites dire *i grec* et *que grec* : ces deux lettres nous viennent en effet de l'alphabet grec.

SIGNES.

. (point) , (virgule) ' (apostrophe) - (trait-d'union) ₵ (cédille)
´ (accent aigu) ` (accent grave) ˆ (accent circonflexe).

DIPHTHONGUES.

ou, in, un, an, on, oin, ien.

ARTICULATIONS DIVERSES.

**oc, os, or... al, as, ap... ir, ic, el, cr, es, ex, ec...
oir, our, eur, ail, eil.**

CONSONNANCES.

pr, cr, fr, dr, sp, st, ps, gn, ill, ch.

ÉQUIVALENTS.

o	e	é	è	an	in	er
au par a	**eu** par u	**er** par r	**ê** par acc	**am** par m	**im** par m	**air**
eau p	**eux** p. x	**ez** par z	**ai** par a	**en** par e	**yn** par y	
aux p. x		**ai** par a	**ei** par e	**em** p. e m	**ym** par y m	
			et par t		**ain** par a	
			est verbe		**ein** par e	
					aim par a m	

---

c	g	f	t
cc double	**gu** en 2 lettres		**tt** double
k grec		**ff** double	**th** par h.
qu en 2 lettres		**ph** par h	
ç cédillé			

---

ces par c **les**
ses par s **des mes** | **g** est adouci devant { e, é, è, i }
 | **c**

NOTA : Nous appelons *lettres orthographiques* celles qui, n'ajoutant rien à la prononciation du mot, sont uniquement placées pour l'orthographe de ce mot. Ex. *doigt* d.-oi-doi, lettres orthographiques *g t, doigt*. S, x ajoutés aux noms, pronoms, adjectifs, participes pour le pluriel sont dits *signes du pluriel.* — Ent, terminaison des verbes se nomme *pluriel de la 3ᵉ personne.*

Exercice. — Soit à épeler la phrase : *Dieu qui met un frein à la fureur des flots, sait aussi des méchants arrêter les complots.* —

On prononce : *D* majuscule, *i-di*, *eu*, par *u Dieu*, *qui*, *qu* en deux lettres ; *i -qui*, *met*, *m et* comme la conjonction ; *un* (mot connu) ; *frein*, *fr ein* par *e* ; *à* par accent grave ; *la*, *l a la* ; *fureur*, *fu -fu, r eur -reur*, *des*, mot connu ; *flots*, *fl ot -flot*, lettre orthographique *t* (parcequ'il vient de *flotter*) et signe du pluriel, etc.

Quand l'élève est un peu avancé, on ne fait épeler que les mots les plus difficiles : il passe sur les autres en disant : *mots connus*.

LETTRES MINUSCULES.

a b c d e f g h i j k l m n o p q

a b c d e f g h i j k l m n o p q

r s t u v x y z.

r s t u v x y z.

MAJUSCULES.

A B C D E F G H I J

A B C D E F G H I J

K L M N O P Q R S T

K L M N O P Q R S T

U V X Y Z.

U V X Y Z.

Voyelles : a o u i e é è y (œ)
Consonnes : b c d f g h j k l m n p q r s t v x
Syllabe : *On appelle syllabe, une ou plusieurs lettres prononcées par une seule émission de voix.*

Le maître citera des mots que l'élève décomposera en syllabes et celles-ci en voyelles et en consonnes ; ensuite il lui fera écrire au tableau des sons simples comme mu, no, di, co, ca, etc., *puis il passera aux mots suivants qui en sont formés*.

Jérôme, pelote, pilule, midi, vérité, sûreté, samedi, café, camarade, fidélité, pâte. — Du ratafia, la maladie, la carafe, la lune, le dîné, la dame, le loto, une note, la cave, une cabane, la solidité. — Lazare a été malade. Emile a été puni. René a obéi. Eléonore étudie. La piété de ma mère édifie. Marie a sali sa robe. Une jolie cariole. La comédie fera rire.

(*) Cette partie sera étudiée quelques mois avant de commencer la grammaire proprement dite. Après avoir travaillé cette introduction même sérieusement, il est certain que l'élève ne saura pas *entièrement* l'orthographe usuelle ; mais il sera à même de se livrer avec plus de fruit à l'étude de l'*orthographe d'accord*.

3ᶜ ÉTUDE.

ou eu in un on an oi oin ien — est.

Le feu, un sou, la loupe, la veuve, le neveu, un soutien, un Indien, un dindon, le talon, le canon, un ouragan, une loi, le pinson, le coin, le soin, la poule, la meule. — Ma boule a roulé. Ma tante est toute seule. Le pou est sale. Le cou de la poule est velouté. Ton vin est bien bon. La meule est toute neuve. Lubin joue du violon. Mon camarade ira jeudi à Dijon.. Ecoute bien la loi de Dieu. Mon père a tué un pinson. On a mandé le témoin. Le serin a péri lundi.

1ᵉ Le maître ayant expliqué verbalement ce que c'est que le nom et l'article, l'élève les distinguera par un signe conventionnel dans l'exercice précédent et dans les suivants, — 2ᵉ Le maître s'efforcera toujours d'expliquer le sens des noms par des définitions à la portée des enfants.

4ᶜ ÉTUDE.

ch gn ill. — al af oc ec ed er ez ex, etc.

Activité, dimanche, mardi, mercredi, branche, chaloupe, médaillon, vermillon, grillon, carillon, bataillon. Le cardinal, un archevêché, du cognac, le fil, la mer, la perte, une chanson, un oignon, du bouillon, une feuille, un chêne. Le vigneron taille sa vigne. Le char a été culbuté. Le chien est dévoré. Le chou a grandi. Julie est ignorante. Ton capuchon est déchiré. Isidore a labouré toute la journée. Le tic-tac du moulin. Mon cheval est vif ; le tien est rétif. David a expié son péché. La victoire a été douteuse. Mon camarade a fini son calcul. Il a deviné l'énigme. Mon pinson chante bien.

5ᶜ ÉTUDE.

pr gl cl vr tr — eur our oir oif oil oul euf...

La cour, le jour, le bouc, le poil, la soif, le soir, le pouvoir, un fermoir, un facteur, le testateur, la valeur, l'ardeur, (1) la ferveur, l'orateur. Une petite fille gourmande. Dieu punira le pécheur. Ton mouchoir est déchiré. Mon devoir est achevé. Mon protecteur sera pour moi un bon père. Notre jardin est bien cultivé. Mon oncle est veuf. Le journal du mardi raconte une anecdote curieuse. Le père Jérome a une grande barbe blanche. Votre frère a traversé le fleuve. Marie est charitable. Le chantre psalmodie. La tour est ronde (2).

6ᵉ Étude.

c cédillé *ou suivi de* e é è i *est adouci, comme dans* ici,

Reçu, maçon, garçon, façade, caleçon, glaçon, leçon, férocité,

---

(1) L'élève doit déjà avoir appris oralement qu'on retranche **a** dans **la** et **e** dans **le** qu'on remplace par une apostrophe.

(2) Ces exercices n'ont pas certainement une étendue suffisante. Nous ne les donnons que comme des types que le maître pourra compléter à son gré.

malice, capacité, cigale, cécité, circonstance, cire, cigogne, cilice, cime, place, trace, race, surface, espace, cimetière, certitude, cintre, cendre, citadin, civilité, prince, glace, glacerie, grimace, instance, médecin, doléance, finance, négoce, négociateur, noce, pièce, nièce, vice, méchanceté, racine, caducité, cérémonie.

NOTA. — 1° *l'élève copiera cet exercice et les exercices suivants tels quels ; 2. il les copiera une seconde fois en ajoutant devant chaque nom l'article convenable; (le maître en fera préalablement lecture à haute voix);*
3. *Il les écrira sous la dictée.*
4. *Il en fera l'épellation à haute voix.*
5. *S'il a fait des fautes il recommencera une 4e fois après la correction.*

7ᵉ ÉTUDE.

g est adouci devant e é è i y.

Ange, lange, fange, grange, geste, cierge, cirage, cortège, piège, siége, liége, clergé, gerbe, prodige, germe, girafe, tirage, jardinage, placage, carnage, pillage, gage, page, cage, bagage, tapage, charge, marge, gorge, orge, forge, orage, louange, géologie, géométrie, minéralogie, girofle, giboulée, giberne, nageur, mangeur, plongeur, tapageur, rougeole, nageoire, pigeon, plongeon, givre, germe, gerçure, fange.... (*Voir la note de la 6étude*)

8ᵉ ÉTUDE.

Entre deux voyelles se prononce z. — G a pour équivalent gu. — C a pour équivalents qu, k.

Rose, vase, case, chose, base, blouse, basalte, besace, cerise, rése voir, déserteur, désespoir, désordre. — Orgue, figue, bègue, guêpe, guérison, guenille, fougue. = Marque, barque, requin, quantité, qualité, quarante, quête. — Kilo, kosaque. — Le latin est une langue morte. Ma tante est bien pieuse. La gueule du lion écume. Mon cousin est bègue. La rose est une jolie fleur; elle a une odeur délicieuse. Marguerite pince de la guitare. Le navire vogue sur la surface de la mer. André n'obtiendra sa guérison que de Dieu. Le chien est remarquable par sa fidélité.

n *se change en* m *devant* b p. — L'ambassadeur, l'ambulance, le jambon, l'ambre, le tambour, la lampe, la chambre, le jambage, la tombe, le nombre, l'ombrage, la pompe, la bombe, le pompon, l'impiété, l'importance, le limbe, l'imprimerie, le timbre, un lampion, une crampe, une timbale, une colombe.

9ᵉ ÉTUDE.

o au s'emploient généralement au commencement ou dans le corps des mots et eau à la fin.

Auteur, rameau, cruauté, bedeau, pauvre, marteau, auberge.

autel, cerceau, tombeau, naufrage, lambeau, oiseau, aumône, caveau, aune, cadeau, chaudron, fourneau, chaume, perdreau, chaumage, fardeau, cause, chapeau, baume, bouleau, pauvreté, radeau, psaume, chevreau, bateau, sauvage, corbeau, sauce, moineau, sauveur, pipeau faucille, niveau, fauchage, plateau, écheveau, château, tombereau, pruneau, jumeau, rouleau, fardeau, morceau, drapeau, roseau, chalumeau, cordeau, berceau, manteau, rateau, pinceau, côteau, gâteau (*nouveauté, beauté*). (1)

10ᵉ ÉTUDE. (2)

Ecrivez par **y**, mystère, système, symétrie, sycomore, myope, tyran, type, style, pyramide, oxygène, myriamètre, paralysie, symptôme, lycée, hydropisie, myosotis, mysticité, myrte, lyre, synonyme, gypse, gymnase, polygone, presbytère, anonyme, prosélyte, polygamie, polypétale, cylindre, cycle, dynastie, analyse, pygmée, cygne (2) polype, polyèdre, yatagan, syncope, symbole, lynx, syntaxe, martyr, anévrysme, cataclysme, syllabe, paralysie.

11ᵉ ÉTUDE.

h. *cette lettre est dite* ASPIRÉE *quand elle fait prononcer du gosier la voyelle qui suit, et* MUETTE *quand elle est nulle dans la prononciation.*

Une hache, un haillon, un hibou, un hameau, la hanche, une harpe, le harpon, le héron, la herse, le hêtre, la honte, la houille, le houblon, le hangar, une halte.

L'holocauste, l'hiver, (pour *le hiver*), l'hôpital, l'hilarité, l'huile, l'humilité, l'hospice, l'hydrogène, l'hygiène, l'hygromètre, l'hameçon, l'humanité, l'homicide, l'heure, l'harmonie, l'harmonica, l'herbe, l'héritage, l'héroïsme, l'hémisphère, l'hymne, l'hectomètre, l'hostie, l'hypocrite, une horloge, une histoire, l'hérésie, l'hôtellerie.

Cohorte, cohue, cohésion, rhume, rhétorique, rhombe, chlore, chrétien, cahotage, dahlia, inhumanité, bonheur, malheur. (3).

12ᵉ ÉTUDE.

ph. — Siphon, phosphore, autographie, sténographie, phare,

---

(1) Voy. la note de la 6ᵉ étude.
(2) Ces groupes de mots ont l'immense avantage de présenter dans un petit espace une foule de mots qu'on ne trouverait qu'en parcourant plusieurs volumes D'ailleurs, l'élève ne les rencontrant que çà et là répandus dans un grand nombre de dictées aurait une grande difficulté à se les rappeler. Le rapprochement de ces mots classés méthodiquement par analogie est un puissant moyen mnémonique.
(3) Le maître fera bien de citer dès lors les principaux homonymes de certains mots : ainsi il fera remarquer en passant que le mot CYGNE désigne un oiseau et que écrit : SIGNE, il désigne une marque, un indice.

phrase, graphomètre, phénomène, pharmacien, physicien, physionomie, paraphe, strophe, orphelin, bibliographie, géographie, aphorisme, antiphonie, diaphane, apostrophe, télégraphie, phalange, triomphe, sphère, atmosphère, camphre, épitaphe.

Th. — Thé, théatre, théologie, théorie, thème, théorème, thèse, thermomètre, apothéose, athée, orthographe, lithographie, mythologie, orthodoxe, labyrinthe, amphithéâtre, catholique, sympathie, absinthe, hypothèque, phthisie, aérolithe (1).

13e ÉTUDE.

ai ei et, ait.

ÉCRIVEZ PAR ai : aide, laine, aile, aigreur, aigle, aiguille, fontaine, domaine, migraine, balai, chaise, chaire (à prêcher), chaîne, délai, plaisir, maison, traître, maître, mairie, laideur, laitage, fraise fainéantise, etc.

Par ei : peine, haleine, baleine, neige, seigneur, seigle, reine, peigne, veille, oreille, veine, teigne...

Par et : couplet, parquet, gilet, secret, billet, mantelet, alphabet, pamphlet, gousset, pistolet, mulet, cornet, valet, lacet, paquet, bracelet, crochet, chapelet, brochet, loquet, corset, cabriolet, serpolet, cachet, flageolet, roitelet, gobelet, brevet, valet, cabinet, projet..

Par ait : bienfait, lait, souhait, trait, fait, forfait, portrait, extrait méfait.

14e ÉTUDE.

Écrivez par ain : un nain, une main, le train, le prochain, le levain, l'airain, l'écrivain, le poulain, le gain, le pain, un bain, un grain, l'étain, le fusain, une plainte, une complainte, une crainte, une sainte, le vainqueur, le vaincu — craindre, vaincre, contraindre.

Par ein : un frein, le sein, le serein, (rosée), la teinture, la peinture, la ceinture, le ceinturon, une feinte, une étreinte. — Éteindre, feindre, teindre, peindre, dépeindre, enfreindre, restreindre,

Lettres liées Œ : œuf, bœuf, cœur, sœur, œil, œillet, œuvre, vœu, manœuvre, nœud, chœur d'église.

Par ay, ey, oy : crayon, moyen, croyance, voyage, paysan.

15e ÉTUDE.

Commencez par an : ange, ancien, anse, antipode, antilope, an-

---
(1) Voy. la note de la 6e étude.

— 61 —

tipathie, antiphonaire, antidote, anfractuosité, angle, angora, anglican, anguille, antagoniste, antiquaire, antiquité, anxiété, antichambre, antichrétien, anthropophage....

Par **en** : enfance, engin, enchère, enclume, encyclopédie, encre (*pour écrire*), enfantillage, envoi, engeance, enflure, enjeu, enjolivure, ennui, enquête, enrôleur, enseigne, entamure, entente, entourage, enthousiasme, entrée, entrevue, entreprise, entretien, envie, entêté. (1)

Nous ne donnons pas d'exercices sur l'orthographe de **an** *ou de* **en** *au milieu des mots ; il eût fallu trop nous étendre.*

16ᶜ ÉTUDE.

La prononciation **si** *s'écrit souvent par* **ti** .

Nation action, portion, notion, mention, station, fraction, invention, ambition, dévotion, faction, intention, potion, délibération, patience, impatience, élection, démonstration, imprécation, prétention, destruction, protection, fiction, négociation, exclamation, expiation, infection, détention, ostentation, production, locution, circonspection circonscription, plénipotentiaire, révolution, intervention, contravention, vindication, subvention, exemption, convention, exclamation, restriction, gratification, rédempton.

Ecrivez par **sc** *adouci*. — schisme, sceptre, scie, science, conscience, concupiscence, convalescence, adolescence, phosphorescence, condescendance, disciple, faisceau, scène, descente (1).

17ᶜ ÉTUDE.

Terminez par **ail** *les noms mas. et par* **aille** *les noms fém.*

Le corail, la volaille, le sérail, la canaille, le portail, la mitraille, un gouvernail, une bataille, un éventail, une muraille, le travail, la paille, le bercail, la caille, un poitrail, une taille, un détail, une maille, le camail.

Terminez par **eil** *les noms mas. et par* **eille** *les fém.*

Le soleil, une treille, le méteil, l'oreille, l'orteil, la groseille, le réveil, la bouteille, le conseil, la merveille, le vermeil, l'oseille, la corbeille, l'abeille, la veille.

Par **al** *les noms masculins, et par* **ale** *les noms féminins.*

Le bal, la gale, un bocal, une morale, un cheval, une cavale, un végétal, une mercuriale, un mal, une sandale.

Par **alle** : calle, dalle, halle, malle (*coffre*), intervalle, balle (*de plomb*), salle (1)...

(1) Voy. la note de la 6. leçon.

18ᵉ ÉTUDE.

elle. — Nouvelle, ficelle, nacelle, demoiselle, flanelle, pelle, semelle, gamelle, javelle, ridelle, citadelle, dentelle, coquelle, chandelle, gazelle.

Et par el *les noms masculins* : le dégel, le miel, le sel, le pastel, le scalpel, le cartel, le caramel, l'industriel...

Par **ette** : galette, noisette, brouette, dette, belette, côtelette, banquette, raquette, buvette, navette, lunette, emplette, girouette, miette, baguette, gazette, violette...

En **ol** *les noms mas. et* **ole** *les noms fémin.*

Un bol, une parole, un vol, une idole, un sol, une cariole, un col, une bricole, un parasol, la rougeole, le licol, une pistole, un sol, une console...

De tous les mots en *eur*, il n'y a que *beurre, leurre, heure* et *demeure*, qui prennent la finale e.

19ᵉ ÉTUDE.

ance. — Abondance, aisance, ambulance, avance, balance, bienfaisance, bienveillance, complaisance, condoléance, constance, contenance, créance, échéance, défaillance, distance, espérance, prévenance, importance, obligeance, romance, substance, ignorance, vacance, vigilance.

Ence. — Absence, cadence, agence, audience, circonférence, clémence, science, conscience, conséquence, décadence, démence, diligence, insolence, présence, magnificence, négligence, prudence, violence (1).

On fera remarquer à l'élève que les mots formés de ceux-ci en conservent l'orthographe ; ainsi abondant *conserve* a *parce qu'il vient de* abondance, absent *a un* e *parce qu'il vient de* absence.

20ᵉ ÉTUDE.

Anse : — Danse, ganse, panse.
Ense : — Défense, récompense, dépense, dispense.
Euil : — Bouvreuil, seuil, chevreuil, deuil, écureuil, treuil.
Ueil : — Cercueil, recueil, écueil, orgueil.
Ard : — Vieillard, léopard, hasard, étendard, épinard, brouillard, brancard, regard, poupard, placard, lard, campagnard, fard, dard, canard, foulard, homard.
Art : Part, départ, rempart, quart.

21ᵉ ÉTUDE.

DÉRIVATION.

Un grand nombre de mots finissent par des lettres qui n'ajoutent rien à leur prononciation : ces lettres finales sont très souvent indiquées par les mots qu'ils forment ou dont ils sont formés ; ainsi on sait que **récit** finit par un **t** parce qu'il vient de **réciter** ; **repos** par un **s** parce qu'il vient de **reposer**, etc.

mort	de *mortalité*.	plomb	de *plomber*.
rebut	— *rebuter*.	bord	— *border*.
chant	— *chanter*.	bond	— *bondir*.
argent	— *argenter*.	brigand	— *brigandage*.
fagot	— *fagoter*.	poignard	— *poignarder*.
toit	— *toiture*.	lard	— *lardon*.
arpent	— *arpentage*.	marchand	— *marchander*.
content	— *contente*.	blanc	— *blanchir*.
cuit	— *cuite*.	franc	— *franche*.
conduit	— *conduite*.	drap	— *draperie*.
emprunt	— *emprunter*.	camp	— *camper*.
mépris	— *mépriser*.	poing	— *poignet*.
propos	— *proposer*.	champ	— *champêtre*.
tamis	— *tamiser*.	sang	— *sanguin*.
dispos	— *disposer*.	rang	— *ranger*, etc.

22ᵉ ÉTUDE.

Dans cet exercice, l'élève donnera raison de la lettre finale en mettant après chaque mot celui qu'il forme ou dont il est formé :

Galop, fusil, gril, achat, bois, parfum, échafaud, lourd, sens, part, regard, sabot, abus, refus, tapis, avis. — grand, froid, rond, prompt, amusant, obligeant, charmant, blanc, long, gland. — heureux (se), malheureux, pieux, peureux, courageux, dangereux, judicieux, sérieux. — Berger (ère), vacher, cavalier, fruitier, maraîcher, boucher, boulanger, jardinier, écuyer, meunier, premier, léger, dépensier...

Il y a encore un grand nombre de mots qui finissent par er; tels sont : cocher, plâtrier, marbrier, pompier, tablier, rocher, laurier, poirier, prunier, soulier, sabotier, savetier, rocher, etc.

23ᵉ ÉTUDE.

Finales s x

Un pas, un repas, un bras, le matelas, le compas, le fracas, le cadenas, le lilas, un avis, un vernis, un tapis, un radis, un marquis,

---

(1) Voy. la note de la 6ᵉ étude.

— 64 —

une brebis, un croquis, le logis, le pays, le paradis, le jus, le pus, le procès, l'abcès, le velours, le secours, le discours, un ours, le talus, le parcours, le revers, le travers, le corps, le remords, le temps, le puits, le fils, le printemps, le héros, l'encens, le legs, le mets, le mois, le dos, le laquais, le panais, le relais, l'engrais, le palais, le marais, le poids (fardeau), le pois (légume), un fonds (de terre), une croix, un creux, de la poix, la voix, une noix, le choix, le prix, le crucifix, l'époux, le houx, la toux, la perdrix, la paix, la chaux, le flux, le reflux, la faux, le riz, le gaz.

24ᵉ ÉTUDE.

Par **ement**. — Sacrement, changement, discernement, alignement, acharnement, gazouillement, tintement, aveuglement, gouvernement, enchantement, craquement, bombardement, acheminement, parlement, enjouement, claquement, loyalement, pieusement, longuement, sagement, philosophiquement, supérieurement, circulairement, etc.

Par **emment**. — Négligemment, prudemment, patiemment, éminemment, conséquemment, décemment, éloquemment, violemment, ardemment, confidemment, fréquemment, évidemment, indécemment...

Amment. — Constamment, vaillamment, couramment, abondamment, élégamment...

Se terminent par at *les noms de titres, dignités, professions :* doctorat, apostolat, vicariat, potentat, marquisat, prélat.

25ᵉ Étude (à apprendre par cœur.)

RÉDUPLICATION DES CONSONNES.

B *ne se double que dans* abbé, abbaye, rabbin, sabbat (1), d *dans* addition *et ses dérivés*, — g *dans* suggérer, agglomérer, aggraver *et leurs dérivés*.

Écrivez par deux c *tous les mots commençant par* oc : occasion, occuper, occupation, occision, etc. (*excepté* oculaire, oculiste.)

Par deux f *tous les mots qui commencent par* af ef of def suf : affection, effroi, offrande, difficulté, suffrage, affaire, affiche, effet, effigie, offense, office, différence, difformité, suffocation, suffisance, diffamation, offerte, affectation, affirmation, affiliation, (*excepté* afin, Afrique, éfaufiler.)

---

(1) Ici et dans les exercices suivants nous ne relaterons pas les mots techniques que l'on n'a à écrire que très rarement.

26ᵉ ÉTUDE.

Ecrivez par deux l *tous les mots commençant par* il: illusion, illustration, illumination, illusoire, illisible, illicite, illégitime, illégal. (*excepté* île îlot, ilotisme.)

Par deux m *les mots commençant :* 1° *par* com : communion, communauté, commandant, commandement, commande, commerce, commis, commère, commodité, commotion, commune, communication, etc. (*Excepté :* comédie, comète, comité, comice, comique, comestible.) 2° *par* im : immaculé, immatériel, immense, immensité, immeuble, immobilité, immolation, immodestie, immortalité, immutabilité, eté. (*Excepté :* image, imagination, imiter et ses dérivés, *on écrit encore par deux* m : homme, hommage, pomme, somme, sommeil, sommet, sommation, femme, gamme, gomme, ammoniaque, flamme, gramme(et leurs dérivés, etc.)—*Avec deux* n : innocence, innombrable, personne, sonnerie, sonnette, honneur, hennissement, ennemi, chansonnette, chardonneret, charbonnier, tonne, couronne, patronne, donner, vanner, connaître, etc.

27ᵉ ÉTUDE.

S *entre deux voyelles se prononçant* z *se double pour avoir la prononciation du* ç.

Brosse, bosse, crosse, masse, cuirasse, paillasse, adresse, noblesse, paresse, forteresse, messe, politesse, tresse, blessure, baisse, grasse, écrevisse, réglisse, tissage, tissu, abaissement, ambassadeur, assiduité, assiette, assistance, etc.

Avec deux r *les mots commençant par* ir : irrévérence, irréflexion, irrégularité, irréligion, irrésolution, irrigation, irruption, etc. (*Excepté :* ironie, iroquois, iris.) — *On écrit encore avec deux* r : serrurier, bourrelier, carrossier, erreur, terreur, pierre, terre, verre, tonnerre, barre, carreau, embarras, charrette, parricide, correction, correspondance, ferrure, ferraille (et leurs dérivés,) *et presque tous les mots commençant par* ar : arroser, arrêt, arrogance, arrosage, arrondissement, arrestation.

Avec deux t *les mots commençant par* at : attachement, attaque, atteinte, attelage, attentat, attentation, attirail attribut, etc. (*Excepté :* atelier, atome, atonie, atour, atrocité.

Il n'est guère possible de donner plus de règles sur cette matière : les mots qui feraient exception à ces règles, seraient presque aussi nombreux que ceux qu'elles comprendraient ; cependant on pourra dire verbalement aux élèves que la plupart des mots commençant par **col sup ap** doublent l ou p.

28ᶜ ÉTUDE.

La plupart des mots dérivés conservent l'orthographe des mots qui les ont formés.

Chauffer : *chauffage, chauffeur chaufferette, chauffoir* ; arroser : *arrosoir, arrosage, arrosement,* ; feuille : *feuillée, feuillet, feuilleton, feuilletage;* pays : *paysan, paysage, paysagiste;* banque : *banquier, banqueroute, banqueroutier;* troupe : *troupeau, attroupement ;* chaussure : *chausson, chaussette ;* terre- *terrier, terroir, terrain, enterrement ;* fraîcheur:*rafraîchissant, rafraîchissement ;* année : *annuel, annuité, annales, anniversaire ;* habitation : *habitant, habitable, inhabitable;* servir : *service, serviteur, servante, servitude ;* humble : *humilité, humiliation, humiliant;* œuvre : *désœuvre désœuvrement.*

Plus tard lorsque l'élève écrira sous la dictée on fera bien de lui faire reprendre ainsi chaque mot qui en forme d'autres.

EXERCICES GRAMMATICAUX.

Du Nom.

I. — *L'élève copiera cet exercice en soulignant les noms.*
(Grammaire, 5°, 10.)

La France est magnifique. Assise au centre des nations comme une souveraine ; superbement accoudée au levant sur les Alpes et le Rhin, elle voit à l'horizon occidental l'océan fermer seul les barrières de son palais ; couronnant son front des riches épis de la Flandre et des verts feuillages des Ardennes, elle baigne ses pieds embaumés aux tièdes flots que le ciel du midi colore de son azur splendide. Les complaisances de sa température abritent hospitalièrement sous le même soleil, les fleurs sorties des régions de l'aurore et les plantes laineuses du nord. Magnanime nourrice des guerriers, elle étale sur son giron, pour faisceaux d'armes, en gerbes opulentes, les fruits de l'univers, et se plaît à les alimenter de son sein. Tandis que le triste mélèze, le bouleau, l'érable et le grave sapin se lèvent spontanément à sa limite australe ; l'oranger, le figuier d'Italie, le grenadier moresque, l'olivier grec, le murier espagnol, le jujubier, le citronnier tunisien croissent avec le mélancolique alors, le cèdre, le lentisque et les éventails du palmier sur les marges de sa zône méridionale. (*Roselly de Lorgues.*)

II. — *L'élève copiera cet exercice en mettant deux traits sous les noms propres, et un seul trait sous les noms communs.*
(Grammaire, 12, 13.)

Nulle contrée en Europe ne reçut de l'atmosphère et de la géographie de pareils éléments de richesses. Bientôt la navigation intérieure, communiquant à ses grandes issues, ouvrira à travers nos campagnes une route entre les deux mers. Bientôt les paquebots de Rotterdam et de Liverpool, sans redouter les côtes de l'Afrique et les vents du détroit, passeront du grand Océan dans le port de Marseille. Le marchand de Londres descendra sans jeter l'ancre à Lyon; celui de Macon ira en droiture à Hambourg. Ce moment approche : les canaux se creusent, les digues s'étagent, les chaussées s'exhaussent, le grincement des leviers, le sifflement des chaudières, les

---

(1) Faire écrire plusieurs fois chacun de ces exercices, et profiter de l'occasion que fournissent presque toutes les phrases, d'inculper aux enfants des sentiments moraux et religieux ; y ajouter, selon les circonstances, quelques commentaires.

spirales de la vapeur, le choc des balanciers, le roulement des wagons, les cris des engins et les gémissements des machines, annoncent à toute heure l'enfantement nouveau de l'industrie. Le sol frémit sous des accélérations inconnues, tous les genres de création luttent d'activité. (*id.*)

III. — *Même sujet*

Les forges françaises veulent rivaliser avec celles de la Norwège et de l'Allemagne ; les dentelles d'Alençon, les parfumeries de la Provence, les armes de Charleville et de saint-Etienne, les draperies de Sedan, de Castres et de Louviers, les papeteries de l'Auvergne et de Vosges, les soieries de Nismes, de Tours, de Lyon, la porcelaine de Sèvres, les clouteries de la Lorraine et du Forez, les toiles de Bretagne et du Dauphiné, les batistes de la Flandre, les manufactures de glaces, de fer blanc, les fabriques d'horlogerie, de bronze, nos ateliers d'imprimerie, de ciselure, répandent leur éclat dans les ports, les comptoirs et les banques de l'univers commerçant, en activant la circulation des hommes et du numéraire ; et réellement l'étranger qui jette en passant sur notre patrie son superficiel regard, ne peut que l'appeler avec Grotius « le plus beau royaume après celui du ciel ». (*id.*)

IV, V, VI. — *L'élève recommencera les trois exercices précédents en mettant sous chaque nom M pour le masculin, F pour le féminin, S pour le singulier et P pour le pluriel.*
(Grammaire, 14, 15, 16 et 17.)

VII. — *L'élève mettra au pluriel les noms physiques suivants.*

Le blé, le seigle, l'orge, le maïs, le levain, le pain, le four, la table, la viande, le bœuf, la maison, le meuble, la chaise, le fauteuil, le banc, le lit, la farine, le meunier, le poirier, le cerisier, l'œuf, la poule, le coq, le mouton, la brebis, le puits, l'abcès, le pays, le compas, le cerfeuil, le persil, le gland, l'herbe, le matelas, la colline, la vigne, le raisin, le sorbier, la fleur, le sucre, la faïence, la compote, la marmelade, la bouche, le gosier, le larynx, la haie, le buisson, l'aubépine, le lilas, le fer, le cuivre, le plomb, l'argent, l'or, le platine, le marronnier, l'arme, le tilleul, le chêne, l'escalier, la rampe, l'épi, le grain, la grange, le saule, la giroflée, l'engrais, le fumier, le drainage, le velours, le riz, le nez, le hanneton, le hareng, le cep, le sarment, le bourg, l'estomac, le sourcil, le poing, l'album.

VIII. — *L'élève mettra au pluriel les noms métaphysiques suivants.*

Le bonheur, le malheur, la vertu, le vice, le malaise, la misère, le moyen, le sentiment, la possession, la moquerie, l'écho, le droit, l'excès, le succès, le remords, la science, la hauteur, la profondeur, l'étendue, la valeur, l'honneur, une difficulté, une faiblesse, l'espérance, le songe, le souvenir, la joie, le plaisir, la bonté, l'amabilité, la doctrine, la discussion, l'austérité, la lumière, l'ambition, l'humiliation, la prière, le discours, la dégradation, la plainte, le soupir, la voix, le sentiment, l'idée, la pensée, un culte, le commerce, le chaos, un athme.

IX. — *Mettre au singulier.*

Les rosiers, les moissons, les jardins, les champs, les abeilles, les *fils*, les *croix*, les *voix*. Ces fleurs, tes livres, mes défauts, mes cahiers, vos écritures. Les œufs de nos poules. Les habits de mes enfants. Les vêtements de ces hommes. Les murs de ces jardins. Les souverains de ces *pays*. Les promenades dans les *bois*. Les plans des architectes. Les récoltes de nos voisins. Les légumes de nos jardins. Les paniers des enfants. Les écoliers des collèges. Les prêtres dans les églises. Les commandants des régiments. Les sous et les centimes. Les prolétaires et les potentats ; les riches et les pauvres. Les *discours* et les auditeurs. Les *velours* et les soieries. Les *brebis* et les moutons. Les *héros* des batailles. Les *sens* et les organes. Les *avis* et les conseils.

X. — *Noms en* EAU, AU, EU, OU, AL, AIL, *à mettre au pluriel.*
(Grammaire 18.)

Un seau, un pieu, un carreau, un tombeau, un lieu, un cheveu, un sou, un *bijou*, un *joujou*, un filou, un trou, un cheval, un caporal, un général, un *régal*, un *chacal*, un tonneau, un mal, un arsenal, un *carnaval*, le *bal*, le verrou, le *caillou*, le *genou*, le *hibou*, le *pou*, un chameau, un hoyau, un portail, un *bail*, un soupirail, un éventail, le *travail*, un épouvantail, un signal, un sérail, le *corail*, le *bétail*, le feu, le maréchal, le canal, le cerceau, le métal, le végétal, l'aveu, l'adieu, le concours, le manteau, le *bail*, le *chou*, un étau, un tribunal, le bercail, un détail, un bocal, le filou. — Le principal du collège. L'intérêt du capital. Le cri du *chacal*. Le feu du fanal. Le portail du temple. L'éventail de ma tante. Le gouvernail du vaisseau. Le joujou de l'enfant. Un vœu et un désir. Le tonneau et la futaille. Le ciseau et le marteau. La *vis* et l'écrou.

XI. — *Récapitulation.* (Mettre au pluriel.)

La fleur de la prairie. Le jeu de l'enfant. Le bateau de ce pêcheur (1). Le poisson de l'étang. L'allée du jardin. Le noyau de ce fruit. Une douleur au genou. Le livre de l'enfant. L'agneau sur le côteau. Le chameau, cheval du désert. L'essieu du tombereau.

---

(1) Lors de la correction des devoirs, l'élève devra désigner verbalement le principe en vertu duquel il a mis telle ou telle lettre au pluriel. Ex : je mets *bateaux* par X parce que les mots en *eau* prennent X ; j'écris *pêcheurs* par S parce que ce mot suit la règle générale.

L'eau du lac. La tanière du renard. La lame de ce couteau. Le cheval de mon voisin. L'aveu du criminel. Le tableau de ce peintre. Le piedestal de cette statue. Les bijoux de cet orfèvre. Le pou et la tête. Le bétail du pays. Le roseau du marais. Le bras de ton frère. L'anneau du doigt. La chaleur de l'été, Le froid de l'hiver. Le nid du corbeau. Le cri du paon. Le matelas du lit. Le compas de ton cousin. Le fils et le père. La plume du cygne. L'ail et l'oignon. Le pou et la puce. L'émail de ce métal. Le clepsydre et le sablier.

XII. — *Contre-partie de l'exercice précédent.* (Mettre au singulier.)

Les bestiaux, richesses de ces fermiers. Les plaidoiries des avocats. Les eaux des torrents, Les os du bras. Les caporaux et les soldats. Les amiraux des flottes. Les serpents boas, animaux des déserts. Les chevaux de ces charretiers. Les loups, habitants des forêts. Les journaux de ces villes. Les chiens, gardiens des maisons. Les troupeaux, dans les pâturages. Les crapauds, reptiles dégoutants. Les chats, ennemis des souris. Les travestissements des carnavals. Les phénix, oiseaux imaginaires. Les harengs, poissons de mer. Les détails de mes aventures. Les soupiraux de ces caves. Les larmes aux yeux. Les traditions de mes aïeux. Les bras étendus vers les cieux. Les remèdes à côté des maux. Les parrains et marraines.

De l'Article.

XII. — *Remplacer les tirets par les articles convenables.*
(Grammaire 19, 22, 24.)

Evitez — mensonge; redoutez — colère; fuyez — oisiveté et — mauvaises compagnies. Avec — travail et — patience on vient à bout de tout. Donnez-moi — vin et de — eau. La prière de — enfant est agréable — Seigneur. Je donne — vêtements — pauvres. Aimez — sagesse, — prudence, — occupation. Efforcez-vous d'acquérir toutes — vertus chrétiennes. Donnez — bon exemple — autres. Malheur à ceux par qui — scandale arrive. — crainte — Seigneur est — commencement de — sagesse. Laissez dire — sots : — savoir a son prix. Pour être heureux, il faut toujours regarder — plus petits que soi.

MODÈLE D'ANALYSE.

Faire analyser des articles et des noms, comme par exemple :
La puissance du Dieu des nations.

La	article féminin singulier,
puissance	nom commun féminin singulier.
du	article contracté mis pour *de le*, masc. sing.
Dieu	nom propre masculin sing.
des	art. contracté mis pour *de les* fém. plur.
nations.	nom fém. pluriel.

De l'Adjectif.

XIV. — *L'élève copiera l'exercice suivant en soulignant les adjectifs qualificatifs* (Grammaire, 25, 27.)

NOTA. Se rappeler que les *noms* nomment les personnes ou les choses, et que les *adjectifs* indiquent de quelle manière sont ces personnes ou ces choses.

Un tableau noir. Une table ronde. Des fruits verts Une rose charmante. Une fleur odorante. Un enfant paresseux et négligent. Un superbe palais. Une haute maison. Un homme méchant, colère, entêté, hargneux. Un homme pauvre, mais honnête. Un jardin délicieux. Un vrai paradis terrestre. Un fils unique gâté. Un enfant doux honnête et studieux. Une parole insensée. Une jolie chambre bien meublée, bien éclairée. Une histoire curieuse et instructive. On doit éviter la mauvaise compagnie, comme la vue d'un serpent vénimeux. Une tête chauve, réfléchie, expérimentée. Une main blanche Des cheveux noirs, mal peignés.

XV. — *Mettez au féminin.* (Grammaire 28 29.)

Gai, grand, patient, charmant, honnête, sourd, avare, pur, poli, modeste, aimable, tranquille, laid, savant, ignorant, babillard, puissant, droit, admirable, juste, sensé, zélé, niais, vert, pervers, sucré glacial, sobre, habile, blond.

Habituel, païen, muet, tel, éternel, chrétien, cruel, poltron, quotidien, pareil, sujet, bouffon, réel, magicien, fluet, *inquiet, indiscret, replet, secret, complet, concret,* ancien, net, solennel, véniel, aérien, mortel, bon, universel, criminel, glouton, violet, coquet, fier, premier, léger, guerrier, grossier, carnassier, amer, familier, régulier.

XVI. — *Mettez au féminin.*

Beau, vieux, franc, grec, sec, superstitieux, caduc, boudeur, parleur, causeur, religieux, attentif, délicieux, joyeux, peureux, neuf naïf, fugitif, fougueux, vénéneux, poussif, tardif, hideux, dangereux jaloux, instructif, furieux, dormeur tapageur, menteur, flatteur, *interlocuteur, inspecteur,* débiteur (*de nouvelles*), *débiteur* (qui doit), *adulateur, conducteur,* quêteur, radoteur, *imitateur, consolateur,* rêveur, *libérateur,* joueur, *spectateur,* dormeur, moqueur, *directeur, calomniateur, persécuteur,* — majeur, mineur meilleur, supérieur, inférieur, ultérieur, postérieur, antérieur. — Gentil, doux, malin, roux, frais, oblong, long, faux, serviteur, paysan, bas, grec, ambassadeur, gouverneur, las, enchanteur, vengeur, pécheur, devin, contigu.

NOTA. — Le féminin de ces deux derniers exercices étant formé on enlèvera les livres et on exigera que l'élève remette les adjectifs au masculin.

XVII. — *Faire accorder les adjectifs suivants avec les noms qu'ils qualifient.*
(Grammaire 31)

Le tiret remplace l'adjectif précédent.

Un petit garçon poli	Des — —	Une femme —
Une — fille —	Une fleur —	Des — —
Des — garçons —	Des — —	Le culte grec
Des — filles —	Un mouchoir blanc	La religion —
Un bon papa	Des — —	Des soldats —
Une — maman	Une chemise —	Des armées —
Les — papas	Des — —	Un air trompeur
Les — mamans	Un monument public	Des — —
Un animal cruel	Une place —	Une figure —
Des — —	Des monuments —	Des — —
Une bête —	Des places —	
Des — —	Un homme chrétien	NOTA. — Faire analyser verbalement chacune des phrases précédentes.
Un fruit nouveau	Des — —	

XVII. — *Même sujet.*

Un champ vaste	Une vérité —	Une route —
Une campagne —	Des principes —	Un enfant vif et naïf
Un discours banal	Des vérités —	Une fille — et —
Une histoire —	Un visage inquiet	Un enfant sourd muet
Un habit neuf	Une figure —	Une fille — —
Une veste —	Un abricot mûr	Un visage franc, malin
Des récits intéressants	Une pêche —	Une physionomie — —
Des histoires —	Des cris plaintifs	Un écolier docile, sage
Une — —	Des voix —	Une — — —
Un compliment flatteur	Un cri —	Un raisin vermeil
Des — —	Des discours brefs	Une grappe —
Des réponses —	Des paroles —	Un h. soupçonneux vindicatif
Un principe éternel	Un chemin dangereux	Une f. —

XVIII. — *Même sujet.*

Mon cher père et ma — mère ; mes — parents. Un soupirail obscur et profond. Une nuit — et — Un beau livre doré et tout nouveau. Une — image — et — —. Mon oncle est vieux et caduc Ma tante est — et —. Un homme franc et loyal. Une personne — et —. Un ami fidèle et sûr. Une amie — et —. Des hommes méchants, violents, prompts, colères et entêtés. Des femmes — — — et —. Un homme — — — et —. Cet habit violet est neuf et cher. Cette robe — est — et —. Ces habits — sont — et —. Ce premier enfant est vif, naïf et heureux. Cette — personne est — — et —. Un pays septentrional et glacial. Des contrées — et —. Des pays — et —. Un trait horizontal. Une ligne —. Des traits —.

Un droit électoral. Des droits —. L'urne —. Les urnes —. Un discours immoral, une action —. Un anneau nuptial, une couronne —. Des habits —. Un vin médicinal. Une plante —. Des vins —. Une communion pascale. Le cierge —. Les cierges —. Une potion cordiale et pectorale. Un fruit — et —. Des fruits — et —.

XIX. — *Même sujet.*

Pour recevoir l'absolution, il faut une *vif* douleur de ses péchés un *ferme* propos de ne plus offenser Dieu, une intention *arrêté* de satisfaire à Dieu et au prochain. Il y a trois personnes *divin*, trois vertus *théologal*. Les personnes *trompeur* sont presque toujours *trompé* à leur tour. Une jeunesse *orageux* prépare une vieillesse *précoce* et *caduc*. Ma *cher* fille, ne sois ni *fier* ni *altier*. La beauté *corporel* est bien *fugitif*, celle de l'âme est *seul éternel*. Les *bon* livres donnent de *bon* pensées ; les *bon* pensées enfantent à leur tour les *bon* actions. Ces jardins sont *magnifique* : j'en ai admiré les *superbe* allées les *épais* charmilles, les bosquets *ombragé* d'où s'échappe un *doux* parfum. Les *vieux* personnes sont presque toujours *souffrant* et *maussade*. Les peuples *septentrional* sont très-*carnassier* en comparaison des peuples *méridional*. Croyez-vous aux influences *pernicieux* de la lune *roux* ? Rien n'est moins prouvé que ces *prétendu* influences si *accrédité* dans les campagnes et même dans les villes. Cette femme est une *bon* ménagère. Ma *cher* fille, si tu veux acquérir de *précieux* qualités, fuis ces louanges *outré* et *complaisant*, et permets qu'on te mette sans cesse devant les yeux la liste souvent *nombreux* de tes imperfections *personnel*. L'oracle de Delphes ne donnait que des réponses *ambigu*. Ma blessure est *profond* ; elle me cause une douleur *aigu*.

XX. — *Même sujet.*

La justice et la vertu seront toujours *estimé* et *respecté*. La gourmandise et la paresse sont des péchés *capital*. L'air est souvent *trompeur* : telle physionomie qui annonce la nature la plus *franc*, cache une âme *faux* et *trompeur*. Cette dame est mon *instituteur particulier*. On aime à épancher les peines *léger* ; mais quant aux peines *vif* et *excessif*, on aime à les tenir *secret*. Cette personne est tout à la fois *doux, bon, pieux* et *gai* : Elle s'efforce de rendre sa fille *meilleur*. Je n'aime pas les compliments *banal*. Je déteste les discours *immoral*. La flotte *grec* a vaincu la flotte *turc*. Mon frère et ma sœur sont *vif, léger*, mais très-*complaisant* et très-*gentil*. Paul et Jules, enfants *studieux, poli, accort*, sont très-*aimé* de leurs maîtres. La guimauve, le coquelicot, le pas d'âne, fleurs *pectoral* ou *béchique*. La centaurée et la camomille, espèces *fébrifuge*. Le myrte et le houx, arbrisseaux toujours *vert*. L'histoire et la géographie sont *instructif* et *amusant*.

XXI. — *Remplacer le tiret par l'un des adjectifs* **bon be! petit grand** *etc.*

Du — amadou. Une — alcove. Un — exemple. Un — éloge. Une — dinde. Une — écriture. Un — hôtel. Une — horloge. Une — épitaphe. Un — légume. Un — paraphe. Une — image. Un — autel. Un — hospice. Un — évangile. Un — éclair. Une — oasis.

L'élève recommencera en mettant aussi le pluriel pour se familiariser avec le genre souvent confondu de ces noms.

XXII. — *L'élève placera à côté des noms suivants, les noms correspondants au féminin.* Ex :

Père, Mère.
Frère, Sœur.
Fils, Fille etc.

Père, frère, fils, époux, beau-frère, neveu, homme, parrain, monsieur, gendre, roi, empereur, prince, duc, comte, baron, héros, prophète, abbé. — Jean, Joseph, Victor, Julien, Henri, Antoine, Paul, Claude, Louis. — Cheval, poulain, âne, chien, loup, lion, tigre, cerf, sanglier, dindon, jars, poulet, limaçon, bœuf, cochon, mouton. — Feuillet, espoir, village, glaçon, tombeau, caveau, côteau, vallon, mont, terrain, rivage, char, médaillon, manteau, pruneau, aiguillon, ombrage, tapis, matin, jour.

ADJECTIFS DÉTERMINATIFS

XXIII. — *Faire accorder les adjectifs déterminatifs suivants puis les relever et l s classer.*
(Grammaire, 34, 35, 36, 37, 38.)

Cet jeune personne est timide. *Cet* jeunesse est insubordonnée. *Quel* livre lisez-vous ? *Quel* heure est-il ? *Quel* amis fréquentez-vous ? *Quel* lecture faites-vous ? La semaine a *sept* jours ; le samedi est le *sept* —. Chaque jour comprend *vingt-quatre* heures. *Certain* enfants ont un très-bon cœur. *Maint* navigateurs ont fait le tour du monde. *Tout* peine mérite salaire. *Nul* prière ne trouve Dieu insensible. A *quel* heure viendrez-vous ? *Tout* les hommes sont mortels. J'ai lu ces *quel que* vers dans *plusieurs* auteurs. J'ai parcouru *maint* royaumes et visité *maint* cités. Chaque objet vaut *dix* centimes. *Cet* pensée a jailli soudain de son esprit comme *une* étincelle de *ce* foyer. *Tout* personne vraiment pieuse est douce, patiente, humble. *Quel* reconnaissance ne devez-vous pas aux maîtres qui vous instruisent ! *Cet* belle image. *Cet* jolie histoire. *Cet* enfant. *Cet* emploi. *Cet* robe. *Cet* habit.

XXIV. — *Distinction de* **son** *et* **sont, se** *et* **ce, ses** *et* **ces.**

Son, sont. Secourez cette femme et — enfant (*l'enfant à elle*); ils — dans l'indigence. La racine de la science est amère ; mais les fruits en — doux. Mon cousin et — ami — venus me voir : ce — deux jeunes gens accomplis. Cet enfant se conduit bien ; les éloges que — maître m'en a faits — flatteurs. Profitez du temps, les moments — précieux.

Se ce. — jeune homme — perdra (*perdra lui*) par la lecture des mauvais livres. — est par sa faute que cet homme — est ruiné. — qui donne la paix à l'âme, — n'est ni les dignités, ni les richesses, — est la bonne conscience. Gâter un enfant — est préparer son malheur. Voulez-vous savoir — qui est le plus précieux dans — monde : — est la vertu.

Ses, ces. — livres sont à moi. — objets ne m'appartiennent pas. Le siècle offre de toutes parts des hommes que l'âge a détrompés de — faux plaisirs, de — fausses amitiés, de — inconstances, de — discours frivoles, de — espérances mensongères. On répare — fautes quand on les pleure. Chaque jour amène — plaisirs et — peines. — histoires sont effrayantes. Combien — hommes-là sont insensés. Jeune homme, aime et respecte ton père : — cheveux blancs témoignent de — peines et de — soucis pour toi ; suis fidèlement — conseils et demande toujours — avis. — fleurs si belles ce matin sont déjà fanées : de même passeront — futiles avantages qu'on nomme la beauté, la jeunesse.

Du Pronom.

XXV. — *L'élève evitera la répétition du même nom en le remplaçant par un pronom.* (Grammaire 39.)

Ce vieillard est bon, ce *vieillard* me donne des conseils. La vertu est la seule chose estimable ; car la *vertu* seule conduit au bonheur. Songez à vos devoirs et remplissez *vos devoirs*. Des enfants doivent honorer la vieillesse et porter respect à *la vieillesse*. Le roi aime le peuple et *le roi* est aimé *du peuple*. J'ai vu partir mon frère et *ton frère*. Il a perdu sa plume et *ta plume*. Votre maison est plus belle que *notre maison*. Nos champs sont mieux labourés que *vos champs*. L'homme *lequel* aime l'oisiveté est perdu. Le chrétien *lequel* aime la vertu sera heureux dans ce monde et dans l'autre monde. Les hommes *lesquels* vous voyez sont mes amis. Demandez à Dieu les grâces dont vous avez besoin et *Dieu* vous donnera *ces grâces*. On a complimenté nos élèves et *leurs élèves*.

XXVI. — *Analyser et classer les pronoms suivants.*
(Grammaire 41, 43, 44, 45, 46.)

Je, nous, toi, vous, il, elle, eux, soi, se, lui, le mien, la tienne, les siens, le nôtre, la vôtre, la leur, les miens, les vôtres, ils, ce celui, celle, ceux-là, celui-ci, celles-ci, ceux-ci, qui, que, lequel, laquelle, lesquels, dont, on, quiconque, chacun, l'un, l'autre, les uns les autres, quelques-uns, tu, ils, elles, moi, se, leur, les tiens, le sien, les miennes, celui-là, celle-ci, ceux, celles, ceci, cela, lesquelles, les leurs, vous, te, le mien, le tien, les siennes, ceux-la.

XXVII. — *Remplacer le tiret par un pronom relatif.*

Celui-là est heureux — le cœur est pur. Nous n'admirons pas les choses — nous avons habitude de voir. L'honnête homme est celui — peut dire dans sa conscience ; il n'est personne — puisse se plaindre de moi. Il n'y a rien — Dieu ne soit l'auteur ; rien — ne soit sorti de ses mains : Nous lui devons la lumière — nous éclaire et l'air — nous respirons. Les richesses — nous désirons si ardemment et après — nous courons ne peuvent que nous rendre malheureux. Suivez les conseils — je vous ai donnés. Les personnes — on parle le plus ne sont pas celles — ont le plus de mérite. La vertu est le chemin par — on arrive au ciel. La douceur et l'humilité sont des vertus sans — on ne saurait plaire. Les diverses études — je me suis adonné m'ont procuré des jouissances sans — je n'eusse point connu de bonheur en ce monde. On finit par vaincre les obstacles contre — on lutte avec constance; on finit de même par surmonter les tentations avec — on ne parlemente point. Les lieux — je donne la préférence sont ceux — m'ont vu naître.

XXVIII. — *Modèle d'analyse pour le nom, l'article, l'adjectif et le pronom.*

Ces terres sont grasses et humides ; elles sont froides.

Ces	adjectif démonstratif fém. pl. détermine terres.
terres	nom commun fém. pl.
sont	verbe être.
grasses	adj. qualificatif qui qualifie terres : c'est pourquoi je l'écris au féminin pluriel.
et	conjonction.
humides ;	adjectif qualificatif qui qualifie terres : c'est pourquoi je l'écris au féminin pluriel.
elles	pronom personnel de la 3e personne qui remplace terres c'est pourquoi, je l'écris au féminin pluriel.
sont	verbe être.
froides.	adj. qualificatif qui qualifie terres : c'est pourquoi je l'écris au féminin pluriel.

Du Verbe.

XXIX. — *L'élève en copiant cet exercice indiquera les verbes par un trait et les sujets par deux traits.*
(Grammaire 48 et 49.)

Je lis et tu écris. Vous jouez et nous travaillons. Il parle et tu écoutes. Ils vont et viennent. L'aigle et le lion sont forts et courageux. Cet enfant lit et étudie toute la journée. Quand les chats n'y sont pas les rats dansent, dit un ancien adage. Paul et Julien sont bons camarades ; ils ne se quittent pas ; ils s'aident mutuellement.— Le perroquet cause, jase. Le merle siffle. L'alouette chante, grisolle. Le canard nasille. Le dindon glougloute. La poule glousse, Les poussins piaulent. Le moineau pépie. La pie jacasse. Le coq chante La perdrix cacabe. La cigale craquette. L'aigle trompette. Le grillon grésillonne. La chouette hulotte. Les pinsons frigottent. Le corbeau croasse. Les grenouilles coassent. Le paon braille, criaille. La vache beugle. Le cheval hennit. L'âne brait. Le bœuf et le taureau mugissent. La mer en fureur mugit aussi. Le lion rugit. Les brebis bêlent. Les serpents sifflent. Les chiens aboient et jappent. Les loups hurlent, Le renard glapit, Les chats miaulent.

XXVIII. — *L'élève mettra un trait sous les compléments directs et deux traits sous les compléments indirects.*

(Grammaire 50 et 51.)

Aimez le Seigneur de tout votre cœur. Il vous promet la vie éternelle. Consultez dans toutes vos entreprises des personnes sages et prudentes. A la mort, Dieu vous jugera : il vous récompensera ou vous punira. Pratiquons la vertu et évitons le péché. Saint Laurent souffrit un très-douloureux martyre. Les fils de Jacob vendirent Joseph à des marchands ismaélites. Darius écrit une lettre orgueilleuse à Alexandre ; celui-ci le vainquit à Issus et près d'Arbèles. J'aime voir les bergers ramener leurs troupeaux à la chute du jour en fredonnant un air rustique. Ma sœur est orpheline, je la soutiens et la protège. J'ai lu le livre que mon parrain m'a donné pour étrennes je l'ai trouvé très-beau. J'apprends les langues étrangères et je les trouve difficiles. Il est beau de visiter les malades et de les soulager. Les sciences donnent mille délassements, offrent mille plaisirs à celui qui les possède. L'indolence et la paresse énervent et tuent les facultés ; le travail les nourrit et les développe. On reconnaît l'arbre à ses fruits et l'homme à ses œuvres. Tout homme se flatte et s'illusionne. Il ne faut pas se prêter aux plaisirs non permis, dès qu'on s'y adonne, on se prépare des regrets amers.

Faire analyser verbalement chacune des phrases précédentes.

XXIX. — *Conjuguer les phrases suivantes :*

1° Sur le verbe *avoir* : J'ai raison, j'ai faim, j'ai soif etc. *puis dicter sans suite différentes personnes : ils ont peur, tu as soif.* etc.

2° Sur le verbe *être* : Je suis sage. Je suis riche. Je suis patient. Je suis obéissant. Je suis poli. C'est moi qui suis blâmable, c'est toi qui es blâmable, etc. Puis des dictées comme pour le verbe *avoir*. (Faire remarquer dès maintenant que l'adjectif ou le participe employé avec être s'accorde avec le sujet du verbe.)

3° Sur les 4 conjugaisons :

J'aime les enfants sages et je les récompense. —
Je leur promets des livres et je les leur donne. —
Je rends ce que j'emprunte. —
Je secours les pauvres et les entoure de soins. —
Je demande et obtiens les conseils que je suis. —
Je renouvelle et révèle mes promesses. —
Je confierai mon secret et je confirai des prunes. —
Si je travaille on blâme mon travail. —
Je sers fidèlement mes maitres et je serre proprement mes effets. -

(A la 3ᵉ personne du singulier seulement :)

Paul dort la nuit, le soleil dore les moissons. —
Dieu me voit, m'entend, me guide et m'éclaire. —
Cet enfant joue, chante se promène. —
Ces enfants jouent, chantent se promènent. —
Le jardinier sème, plante, arrose, récolte. —
Les jardiniers sèment, plantent, arrosent, récoltent. —

Aux 2ᵉˢ personnes :

Tu récoltes ce que tu sèmes
Vous récoltez ce que vous semez.
(Interrogativement) Prier, orthographier, croire etc.
(*Négativement*.) Ne pas désobéir, ne pas mentir.

NOTA. — Avant de faire les exercices précédents et les suivants l'élève devra être préalablement bienexercé sur la conjugaison des verbes. Tantôt par exemple l'élève ne mettra que la 2ᵉ, personne. tantôt la 3ᵉ, tantôt les temps composés, tantôt les temps simples. etc.

XXX. — *Faire accorder les verbes avec leurs sujets.*

INDICATIF PRÉSENT.

Nous *jouer*. Vous *causer*. Ils *donner*. Tu *sonner*. Il *s'éveiller*. Tu *offrir*. Vous *fuir*. Ils *permettre*. Vous *mentir*. Ils *fuir* les flatteurs. Cet écolier *barbouiller*. Paul et Julien *dessiner*. Cet enfant *dormir*. Ces élèves *écouter*. Les feuilles *tomber*. L'hiver *venir*. Les hirondelles *s'expatrier*. Ils *finir* leurs études. Ils *choisir* un ami sage. Le tonnerre *gronder* et nous *épouvanter*. Je *distraire* mes camarades. Ces enfants *rire*. Les voyageurs *partir*. Tu *battre* le blé sur l'aire de la grange. Tu *vanner* ensuite. Les moutons *paître*. Les mauvaises herbes *croître*, il *falloir* les arracher. Ce château *tomber* en ruines. Ces hommes *méconnaître* leurs devoirs. Nous *devoir* les plaindre. Ces artistes *peindre* très bien. Sa blessure se *guérir*. Tu *mentir* impudemment. Main fermée ne *prendre* jamais de mouches. Je *descendre* l'escalier. Les mauvaises habitudes *nuire* et *perdre*. Tant *aller* la cruche à l'eau qu'à la fin elle se *casser*. Les petits ruisseaux *faire* les grandes rivières.

Chacun *apercevoir* les défauts de son voisin, et ne *voir* pas les siens. Les ivrognes s'*abrutir* par la boisson, et *perdre* bientôt tout sentiment moral. Tout les hommes *croire* en Dieu. Les vents se *taire* à la voix du Seigneur. Dieu nous *aimer* et *vouloir* en être aimé. « C'est surtout dans les cafés et les cabarets que l'on *entendre* sur les croyances religieuses des discours qui les *combattre* ou les *affaiblir*. C'est là que se *puiser* et se *perpétuer* les mensonges et les préventions sur la religion. » L'histoire physiologique des plantes nous *enseigner* comment elles *naître*, s'*accroître*, *vivre*, se *reproduire*, *mourir* et se *décomposer*; comment elles se *mouvoir*, *veiller*, *dormir*, *sentir*, *aimer* et *souffrir* ; mais pourquoi toutes ces merveilles, Dieu seul le *savoir*.

IMPARFAIT.

Je *jouer*. Nous *chanter*. Vous *bénir*. Ils *connaître*. Vous *attendre*. Elle *peindre*. Elle *feindre*, Nous *prévenir*, Vous *poursuivre*. Nous nous *endormir*. Tu *gagner*. Ils *appartenir*. Ils *entreprendre* Il *prétendre*. Je *courir*. Il *mourir*. Tu *acquérir*. Il *retentir*. Tu *répandre* de faux bruits. Il *défendre* un innocent. Nous n'*apercevoir* pas le précipice où nous *courir*. Les domestiques *atteler* les bœufs. Ces mioches *épeler* leurs lettres. Ils *contrefaire* un infirme. Cet enfant *mentir* et *interrompre* la conversation. Le maître *traiter* son domestique avec douceur; celui-ci le *servir* fidèlement. Il *répondre* poliment. Ces charretiers *conduire* l'attelage. J'*exalter* son mérite. Nous *respecter* nos supérieurs. Nous *ralentir* le pas. Il *plaindre* les malheureux. Ils *perdre* tout ce qu'ils *récolter*. Le peuple *murmurer*, les grands se *plaindre*, les sages seuls *garder* le silence.

PASSÉ DÉFINI.

Je vous *offenser*. Tu me *pardonner*. Vous nous *enseigner*. Nous *profiter*. Je me *blesser*. Tu me *soigner* et me *guérir*. Je te *remercier*. Tu *nourrir* et *réchauffer* le serpent qui te *mordre* la sein. Nous l'*écraser*. Les mauvaises compagnies le *corrompre* et le *perdre*. Tu nous *écrire*, nous te *répondre*. On *tondre* la brebis et on *vendre* la laine. Nous *tuer* le chien qui vous *mordre*. Nous *répandre* des larmes. Cet homme qui *perdre* tout le temps de se jeunesse, s'en *repentir* plus tard amèrement. Ils *perdre* l'argent qu'ils *mettre* au jeu. Ces joueurs se *ruiner*. Les amis qu'ils *fréquenter* les *corrompre*. Quand le coq *chanter*, nous nous *éveiller*. Quand le roi *mourir*, on l'*embaumer*. Nous *chercher* et nous *trouver*. Il *écrire* cette lettre qu'il *mettre* à la poste, puis il *partir*.

PASSÉ INDÉFINI.

Tu *cultiver*, Il *récolter*. Je *trouver*, Quelqu'un *perdre*. Pourquoi me *vexer*, m'*injurier* ? Tu *lire* le livre que nous *acheter* ;

il *coûter* 5 francs. Tu *voir* le jardin des plantes ? Est-ce toi qui *écrire* cette page et qui *dessiner* ce paysage ? Jules *perdre* son porte-plume. Je vous *offenser*, ô mon Dieu ; et vous *vouloir* me pardonner. Il *accomplir* son devoir. Je *mettre* un frein à ma langue. Est-ce que vous *moudre* le blé que je vous *conduire* hier ?

PASSÉ ANTÉRIEUR.

Je *marcher*. Tu *penser*. Il *chasser*. Vous *bégayer*. Nous *réussir*. Il *devoir*. Nous *concevoir*. Ils *répondre*. Elle *reparaître*. Il *croire*. Tu *vouloir*. Tu *contraindre*. Je *peindre*. Tu *teindre*.

PLUS-QUE-PARFAIT.

Tu *braver*. Il *délier*. Nous *unir*. Vous *vomir*. Ils *réduire*. Il *avertir*. Le maître *commander* et l'élève ne pas *écouter*. Je vous *attendre* toute la journée. Il nous *donner* des conseils, et nous ne les *suivre* pas. Tu me *diffamer* et tu me *dénigrer*, moi qui toujours te *combler* des bienfaits.

FUTUR.

Je *guider*. Tu *marcher*. Il *chercher*. Tu *trouver*. Nous *causer*. Ils *corriger*. Tu *aimer* ton prochain comme toi-même et tu l'*aider* dans ses besoins. Un jour *venir* où les hommes *voir* combien ils se trompent maintenant. Ils *n'emporter* rien de toutes leurs richesses ; leurs bonnes œuvres ou leurs mauvaises actions seules les *suivre* au-delà du tombeau. Je *fuir* les tentations. Il *remplir* ses obligations. Il *devoir* ses succès à son travail. Si tu passes mal ta jeunesse, tu la *regretter* amèrement dans ta vieillesse. Quand tu *être* guéri, nous *faire* ensemble un voyage en Suisse. Nous *recevoir* avec plaisir les lettres que tu nous *écrire*. Je *aller* vous voir, aussitôt que je le *pouvoir*. Il *plaire* par sa complaisance. Il *arriver* un jour où le pécheur *grincer* des dents, *frémir* de rage et *maudire* l'auteur de sa perte. Il *être* terrible pour les méchants et consolant pour les bons, ce jour suprême où Dieu *venir* juger tous les hommes. J'espère que tu te *conduire* si bien dorénavant que tu ne *craindre* pas ce dernier avènement. Tu ne *tuer* point ; tu ne *dérober* point ; tu *aimer* le Seigneur de tout ton cœur. Qui *vivre*, *voir*. Qui *planter*, *récolter*.

FUTUR ANTÉRIEUR.

Je *finir* quand toi. Il *déjeuner* quand nous arriverons. Crois-moi, tu *n'obliges* pas un ingrat. Quand il *reprendre* ses sens, on m'appellera. Quand *perdre*-tu ton orgueil ? Tu nous *attendre* en vain. Quand vous *perdre* tout espoir, venez me trouver. Je vous écrirai lorsque je vous *trouver* une place. Tu feras ton devoir lorsque tu *apprendre* tes leçons.

IMPÉRATIF.

Pardonner à tes ennemis. *Oublier* les injures. *Rendre* le bien pour le mal. *Faire* mieux tes devoirs. *Exécuter* ponctuellement mes ordres. *Souviens*-toi, ô homme, que tu n'es que poussière. *Célébrer* par nos chants la gloire du Très-Haut. *Lire, méditer, t'instruire. Apprendre* qu'à la loi seule appartient la vengeance. *Savoir* te contenir. *Craindre* Dieu ; *honorer* tes parents ; *chérir* tes amis et *obéir* aux lois. *Affranchir* cette lettre et la *mettre* à la poste. La messe sonne ; *aller*-y. Mes enfants, *comporter* bien et vous serez récompensés. Voici des fruits ; *cueillir*-en *donner*-en à ton frère. *Aller* en classe, mon fils, et ne *t'arrêter* pas en chemin. Puisque tu as une grande fortune, *partager* en la moitié avec les pauvres. *Penser* en toi-même, si tu n'a rien oublié.

SUBJONCTIF. — PRÉSENT.

Il faut que tu *discuter*, que *tu rectifier*, qu'ils *approuver* Il veut que je *parler*, que tu *écouter*. Voulez-vous qu'on *dire* que vous avez de l'esprit ; évitez d'en montrer La sagesse veut que nous *agir* avec réflexion. Il est naturel que les enfants *être* soumis à leurs parents et qu'ils leur *prodiguer* des soins empressés. Il faut que les maçons *démolir* et *rebâtir* cette maison. La loi naturelle et divine veut que nous *chérir* et que nous *révérer* nos parents. Il est rare que les hommes qui ont reçu dans leur jeunesse une éducation solidement chrétienne ne *revenir* à la foi, quand ils s'en sont éloignés, et qu'ils ne *vouloir* mourir au sein de cette religion qui fit naguère leur bonheur.

IMPARFAIT.

Il faudrait que je *labourer*, que tu *planter*, qu'il *semer*, que nous *arroser*, que vous *désherber* et qu'ils *récolter*. Il faudrait que tu *aller* vite. Que vouliez-vous qu'il *faire* contre trois? Qu'il *mourir*. Il serait à désirer que cet enfant s'instruise et *devenir* meilleur. Je désirerais que tu *apprendre* et que tu *savoir* mieux tes leçons ; que tu *courir* moins, que tu *fréquenter* moins les mauvaises compagnies, en un mot que tu *satisfaire* complètement tes maîtres. Fais aux autres ce que tu voudrais qu'ils te *faire*.

NOTA : Nous ne nous étendons pas davantage : Il est temps d'exercer l'élève à la dictée. Le maître en fera surtout sur le modèle suivant emprunté à M. Trémery.

XXXI. — *Mettez le futur à la 2ᵉ personne du singulier.*

Je partirai dimanche, je m'embarquerai à Dunkerque, patrie de Jean-Bart ; je me dirigerai vers le sud, et je passerai devant Calais ; je considérerai cette ville ; je me rappellerai le dévouement d'Eustache de Saint-Pierre ; je laisserai Boulogne à ma gauche ; j'apercevrai l'embouchure de la Somme ; je remarquerai Dieppe connu par les jolis ouvrages en ivoire qui s'y fabriquent ; je verrai le Hâvre, port marchand ; j'examinerai l'embouchure de la Seine qui sépare le Hâvre de Honfleur ; je côtoierai la partie septentrionale du département du Calvados, j'éviterai les rochers dangereux qui portent ce nom ; je me dirigerai vers le nord du département de la Manche, je verrai Cherbourg, un des plus beaux ports de l'Europe; je doublerai le cap la Hogue ; je côtoierai la partie occidentale de la Manche ; je parcourrai les côtes du département du Nord ; je m'arrêterai à l'île d'Ouessant, célèbre par le combat naval qui eut lieu entre la flotte française et la flotte anglaise.

On peut recommencer ce devoir en mettant une toute autre personne, à un autre temps ou sous forme interrogative.

HOMONYMES.

Cet *abus* est choquant. Il *a bu* sa tisanne.
J'ai *abattu* un arbre. Il *a battu* mon frère. *Abats-tu* ce mur. L'*abbesse* s'*abaisse*.
Il *a scié* cet *acier*. Il s'*assied*.
Ma mission *accomplie*, je fus *à complies*.
J'ai mangé de l'*ache* et acheté une *hache*. Une *h* aspirée.
J'ai *acquis* des connaissances utiles. J'ai pris un *acquit*.
Ton *haleine* sent mauvais. Il s'est percé le doigt de son *alène*.
Je respire un bon *air*. Il porte une *haire*. C'est un pauvre *hère*. L'aigle construit son *aire* sur les rochers escarpés. L'*aire* de ce champ est de dix ares. L'*ère* chrétienne. Tu *erres* de village en village.
Une *anche* de clarinette. Il est blessé à la *hanche*.
Mon encre est bien *noire*. L'équipage a jeté l'*ancre*.
Il *est* injuste. Il me *hait*, parce que j'ai élagué la *haie* mitoyenne.
Il a été mis à l'*amende* pour avoir volé des *amandes*.
J'*entre* dans une *antre*.
Le poisson se prend à l'*appât*. Cette merveille est pour moi sans *appas*.
J'irai au mois d'*août* où je vous ai dit, *ou* il m'arriverait quelque accident. Le *houx* est toujours vert. La *houe* est utile au cultivateur.
Cet homme possède son *art*. J'ai acheté *six ares* de terre et j'ai donné des *arrhes*.
Donne un verre d'*eau au* pauvre *au* nom du Très-*Haut* et tu en seras récompensé. Les *aulx* se plantent en mars. Cet animal n'a que la peau et les *os*. O Dieu exaucez-moi.
Attends-moi ; nous arriverons *à temps* en nous *hâtant*.
Cette église a un *bel autel*. J'ai loué un *bel hôtel*. Cet agneau *bêle*.
C'est en vain qu'au Parnasse un téméraire *auteur* pense de l'art des vers atteindre la *hauteur*.

Ne *bats* pas ton frère ; mets tes *bas* ; place le *bât* de l'âne.
Ce moulin *à vent* sera terminé *avant* le premier jour de l'*Avent*.
C'est un *bonheur* pour moi de me lever de *bonne heure* en été.
J'ai une *affaire* à *faire* tout à l'heure.
Il fut frappé d'une *balle* au milieu du *bal*.
Ce cheval est *beau*. Les *baux* de ces fermes sont expirés.
Assieds-toi sur ce *banc*. Le *ban* de vendange est publié.
Je crains les *cahots* de voiture. Avant la création c'était un *chaos*.
Quand j'aperçus le *camp*, la terreur me saisit. Quant à cela, je m'en occuperai à *Caen*.
J'ai tué cette *cane* d'un coup de *canne*.
Cinq capucins, *sains* de corps et d'esprit et *ceints* du cordon de leur ordre portaient chacun dans son *sein* le *seing* du *Saint* Père.
J'ai assisté à une belle *scène*. Judas eut part à la *cène*. Cette maison construite sur la *Seine* n'est pas *saine*.
Apporte la *selle* et *selle* le cheval ; ne mets pas *celle* qui est en mauvais état. Va chercher du *sel*. Dis toujours la vérité, et *scelle* la de ton sang, s'il le faut ; ne me *cèle* rien.
C'en était fait de moi, si un homme de bon *sens* qui s'en allait ne m'eût *sans* retard tiré *cent* grammes de *sang*. Depuis lors, je me *sens* revenir à la vie.
Va au *chœur* et chantes-y de tout *cœur*.
Il y a encore des hommes *serfs* en Russie. On trouve des *cerfs* dans la forêt d'Orléans. *Sers* bien ton maître, et *serre* ces objets.
Apporte ta *chaine* pour mesurer la circonférence de ce *chêne*.
Ce prêtre étant monté en *chaire* a dit : Mes *chers* frères, il n'est pas permis de manger de la *chair* ni de faire bonne *chère*.
Le *comte* étant *content*, m'a fait mon *compte* et m'a payé *comptant*. Je te dirai un *conte*.
J'ai reçu un *coup* de pied au *cou*. Il *coud* bien. Quel est le *coût* de cette citation.
Je faisais mon *cours* dans la *cour*, quand je me suis arrêté tout *court*.
O le beau *Cygne* ! Fais-lui *signe* de s'approcher. *Signe*-tu ton nom ?
Descends de cet arbre : cela n'est pas *décent*. Si vous fumez, je vous ferai *descendre*. C'est moi, Monsieur, qui vous ferai *des cendres*.
Dès que la procession commencera à sortir, tu requerras *des* hommes pour porter le *dais*. J'ai trouvé un *dé* à coudre.
Je t'enverrai un panier de *dattes*. Mets la *date* de cette lettre.
J'ai le *dessein* de faire un beau *dessin*.
Exhaussez votre porte : elle est trop basse. O Dieu *exaucez* ma prière.
En passant par *Anvers*, j'ai vu un transparent en *verre*, sur lequel était peint en *vert* une maxime en *vers* ; en lisant à l'*envers*, on c ouvrait un précepte *envers* Dieu.

J'ai acheté un *fonds de terre* au *fond* de la vallée. Mes gens y *font* des réparations. Paul *fond* des balles. Les *fonts* baptismaux.

Je me suis retiré sous la *halle* pour éviter le *hâle*.

Le *héraut* s'est avancé et a proclamé le nom des *héros*.

J'ai vu un *jet* d'eau et trouvé un nid de *geais*. Vois ce beau bouton de *jais*.

Mon frère *lai* est très-*laid* : il a fait un *legs* à la communauté.

J'ai entendu Joseph *lire* et toucher de la *lyre*.

Ces artistes ont engagé une *lutte* avec leurs *luths*.

La *mère* de Monsieur le *maire* a fait un voyage sur *mer*.

Ce *martyr* a courageusement souffert le *martyre*.

Il se *met* en route ; mais il n'arrivera pas avant la fin de *mai*. Ce *met* est recherché.

Il voulut *mettre* le *mètre* de son *maître* dans sa poche.

Ce cheval *mord* : mets-lui le *mors*. Le roi des *Maures* fut mis à *mort*. Le bouillon de *mou* de veau est un bon pectoral. Ce moulin *moud* bien. Ce *moût* de vin n'a pas fermenté.

Ce *Pair* de France a acheté une *paire* de souliers chez mon *père*. Tu *perds* ton argent.

Le *paon* est perché. Ce *pandemur* sera démoli. *Pend-le* au clou.

Je *pense* à mes affaires tout en *pansant* mon cheval.

Un *pouls* désordonné annonce la fièvre. Cet enfant a des *poux*.

J'ai *peint* un enfant mangeant du *pain* sous un *pin*.

Cette *plaine* est *pleine* de sable.

Courbé sous un *poids* énorme, je portais au marché de la *poix* et des *pois* verts.

Ce vaisseau chargé de *porcs* est entré au *port*. La peau est percée d'une infinité de petits trous nommés *pores*.

Le *riz* est une nourriture saine. Ne *ris* pas de ce malheur. Ce diocèse suit le *rit* parisien.

Tu es un *sot* de faire un *saut* pareil. Apposez le *sceau* à côté de la signature. Allez quérir un *seau* d'eau.

Le *screin* a rafraîchi cette plante. Ce *serin* chante bien.

Pourquoi mettez-vous *tant de temps* pour préparer ce *tan* ?

A-t-il tiré tribut de cette *tribu* ?

J'ai refusé *vingt* fois ce *vain* titre. Il *vint* chercher du *vin*.

J'ai chanté dans mes *vers* et le *verre* à la main, les métamorphoses du *ver* à soie. Quel beau manteau *vert* orne la nature !

Que Dieu qui vous *voit*, qui entend votre *voix*, vous conduise dans la bonne *voie* !

www.ingramcontent.com/pod-product-compliance
Lightning Source LLC
LaVergne TN
LVHW050605090426
835512LV00008B/1353